新时代中华传统文化知识丛书

中国古代军事家

李燕 罗日明 主编

海豚出版社
DOLPHIN BOOKS
CICG 中国国际传播集团

U0614745

图书在版编目（CIP）数据

中国古代军事家 / 李燕 , 罗日明主编 . -- 北京：
海豚出版社 , 2024. 8. -- (新时代中华传统文化知识丛
书). -- ISBN 978-7-5110-7020-3

Ⅰ. K825.2

中国国家版本馆 CIP 数据核字第 2024TR7219 号

新时代中华传统文化知识丛书

中国古代军事家

李 燕 罗日明 主编

出 版 人	王 磊	
责任编辑	张 镛 王首道	
封面设计	薛 芳	
责任印制	于浩杰 蔡 丽	
法律顾问	中咨律师事务所 殷斌律师	
出 版	海豚出版社	
地 址	北京市西城区百万庄大街 24 号	
邮 编	100037	
电 话	010-68325006（销售） 010-68996147（总编室）	
印 刷	天津睿意佳彩印刷有限公司	
经 销	新华书店及网络书店	
开 本	710mm×1000mm 1/16	
印 张	9.5	
字 数	80 千字	
印 数	3000	
版 次	2024 年 8 月第 1 版 2024 年 8 月第 1 次印刷	
标准书号	ISBN 978-7-5110-7020-3	
定 价	39.80 元	

　　在我国五千年的历史长河中，涌现出过无数优秀的军事家，如白起、廉颇、霍去病、诸葛亮、刘裕等。这些军事家才华各异，用自己的勇武与智谋，在史书中留下浓墨重彩的一笔。他们创造出无数经典的战例，构成了中国古代军事文化的精髓，供后来的人学习借鉴。

　　古代的军事活动基本围绕三个主题进行：一是中原地区的内战，如牧野之战、楚汉之争等；二是汉族与周边游牧民族的战争，如卫青北击匈奴、刘裕北伐等；三是古代中国与其他国家的战争，如隋炀帝远征高句丽、万历援朝战争等。随着时代的发展，战争的内容与形式也不断发展变化。如与游牧民族的战争中，从李牧的被动防守，到卫青、霍去病的主动出击，再到杨素的骑兵对决。明清之际，火器的大量使用，也大大丰富了军事活动的内容。

　　当然，军事文化不是教人打打杀杀，军事活动也不局限于战场争雄。正如孙武强调为将要"智、信、仁、勇、严"一样，军事文化也包含着丰富的道德因素。《淮南子·兵略训》中也曾强调："兵之胜败，本在于政。"在军事行动中占有大义的名分，以有道伐无道；严肃军纪，团结民众，善待战俘，都是取得胜利的重要条件。

　　我们编撰这本《中国古代军事家》，以简练的语言再现古代军事家的风采，将其最有代表性的战例呈现于读者眼前，是希望越来越多的人通过了解我国古代军事文化，更好地弘扬中华优秀传统文化。

目　录

第七章　明清时期的军事家

第一章

古代的军事文化

一、何为"兵家"

春秋战国时期，周王室衰微，诸侯崛起，群雄逐鹿。各阶层人才纷纷周游列国，宣扬自己的思想，推广自己的理念，由此形成了各种各样的学术流派，"兵家"就是其中的一个学术派别。

春秋战国时期，各个诸侯国的国君都致力引进人才，寻找合适的治国方略，壮大自己的实力。在这种情况下，社会上形成了宽松、活跃的学术风气。除了贵族和当权者之外，不做官的读书人也可以发表对政事的见解。

《孟子》一书中将这种现象称为"处士横议"。东汉班固《汉书·艺文志》也记述了这一现象："是以九家之术蜂出并作，各引一端，崇其所善，以此驰说，取合诸侯。"

兵家是春秋战国时期诸子百家中研究军事理论和军事活动的一个学派。《汉书·艺文志》将兵家分为兵权谋家、兵形势家、兵阴阳家和兵技巧家四类。其中，兵权谋家致力研究战略战术；兵形势家研究战术的实际应用；兵阴阳家研究战争的天气、地理等环境因素；而兵技巧家则研究士兵的训练、武器装备等内容。这四者之间并不孤立，是相辅相成的关系。

春秋战国以前的战争多为贵族战争，交战双方都要遵守一定的规则，如果打破规则，不仅会败坏自己的名声，还可能招来其他诸侯国的联手讨伐。但是，到了春秋战国时期，战争目的已经发生变化，从最初的结盟称霸发展为灭国夺地，以前的战争规则已经无法束缚当时的人们。这时，兵家就找到了自己的用武之地。

鲁庄公十年（前 684 年），齐国与鲁国在长勺交战。按照当时交战的规矩，双方在排列好阵型后，同时击鼓进军。如果一方击鼓进军，另一方没有击鼓，那么击鼓的一方需要退回去，等待对方击鼓进军，双方才可以交战。

鲁国有一个叫曹刿（guì）的人，他在对方三次击鼓后，才下令击鼓进军。在这场战争中，鲁国军队大败齐国军队。事后，曹刿解释战胜的原因时说："首次击鼓可以鼓舞士气，第二次击鼓时其作用就大大降低了，第三次击鼓时其士气已所剩无几。这个时候我们士气正旺，所以可以击败对方。"

这就是一个兵家在战场上发挥自己才能的典型案例。

春秋战国时期纷乱的战争环境，为兵家展示自己的才能提供了广阔舞台。这一时期涌现出很多兵家代表人物，如春秋时期的孙武、司马穰（ráng）苴（jū），战国时期的孙膑、吴起、尉缭、赵奢、白起等。

很多兵家人物将自己的军事思想编纂成书，流传后世，比较著名的有孙武的《孙子兵法》、孙膑的《孙膑兵法》、吴起的《吴子》、尉缭的《尉缭子》等。虽然在后世流传过程中，很多兵家典籍已经失传，或者只有部分保留下来，但这些典籍依然保存了我国古代军事思想的精华，并成为我国古代军事文化遗产的重要组成部分，为后人提供了宝贵的军事财富。

二、孙武与"兵学圣典"

> 　　孙武，字长卿，春秋末期齐国人，著名军事家、思想家，被后世尊称为"孙子""兵圣"。其著作《孙子兵法》是我国现存最早的兵书，也是世界上最早的军事著作，被誉为"兵学圣典"。

　　孙武曾因擅长兵法而得到吴王阖闾的召见。吴王读了他写的《孙子兵法》，大为赞赏。为了考验孙武的才能，吴王还将一百八十名宫女当作士兵，交给孙武来训练。

　　孙武对宫女们再三强调要听从号令后，命人将惩罚用的斧钺陈列开，然后击鼓发号施令。但宫女们十分散漫，孙武连续发了三次号令，都没人听从。孙武于是斩杀了作为队长的两位吴王宠姬，并拒绝了吴王使者的求情，说："将在军，君命有所不受。"

　　宫女们非常害怕，再无人违反命令，接下来每个动作

都符合号令的要求。这时，孙武向吴王报告："士兵已经训
练完毕，您现在就算是让她们到水里、火里，她们也会听
从。"之后孙武被吴王任命为将军。

前506年，楚国令尹囊瓦率
军围攻已归附吴国的蔡国，蔡国
在危急中向吴国求救。吴国于
是打着兴师救蔡的旗号，派三万
水陆之师，乘坐战船，由淮河溯
水而上，直趋蔡境。吴军与蔡军
会合后，另一小国唐国主动加
入吴、蔡两军行列。于是，吴、
蔡、唐三国组成联军继续西进。
但到了淮汭（淮水弯曲处）时，

孙武却命令士兵弃船，改走陆路。同僚伍子胥大为不解，
问道："吴军擅长水战，走陆路不是弃长取短吗？"孙武答
道："兵贵神速，只有走敌人料想不到的路，才能打对方一
个措手不及。逆水行舟，速度迟缓，敌人就会有所防备，
吴军的优势也难以发挥。"伍子胥听后点头称是。

于是，孙武挑选了三千五百名精锐士兵为前锋，迅速
穿过楚国北部险关，来到汉水东岸。吴军的突然出现让楚
国慌了手脚。在随后的战斗中，吴军五战五胜，直捣楚国

都城，创造了中国军事史上以少胜多、快速取胜的经典战例。

孙武还曾用"伐交"的战略，煽动楚国的附属国桐国叛乱，然后派人和楚国说："楚国要讨伐吴国，吴国十分畏惧，请让我们代替您征讨叛乱的桐国。"随后趁着楚军没有防备，孙武派兵先后在豫章和克巢发动进攻，大败楚军。这些策略正符合孙武在《孙子兵法》中所提及的军事思想："兵者，诡道也。"

孙子所作《孙子兵法》内容包罗万象，是我国现存的最早的军事著作，现存共十三篇。不过，《汉书·艺文志》中记载："吴孙子兵法八十二篇，图九卷。"按照这个记录，《孙子兵法》或许在流传的过程中有所佚失。

《孙子兵法》受到后世很多军事家的推崇，唐太宗就曾给出"朕观诸兵书，无出孙武"的评价。《孙子兵法》还流传到朝鲜、日本、欧洲等地，并得到高度评价。英国战略学家利德尔·哈特在《战略论》中曾说："《孙子兵法》是世界上最早的兵法著作，但其内容之全面与理解之深刻，迄今还无人超过。"

三、古代军事文化的内容

　　军事文化是一个非常广泛的概念，古人用兵讲究天时、地利、人和，就包含了天文、地理、人心向背等诸多内容。但战场上的争胜，只是军事活动的一部分。在古代的军事文化中，"德"也是不可或缺的因素。《淮南子·兵略训》中明确提出了"兵之胜败，本在于政"的论断。

　　古人认为："兵者，凶器也……故不得已而用之。"所以开展军事行动应该以有道伐无道，占有大义的名分，然后才能获胜。如《韩非子·五蠹》中记载："当舜之时，有苗不服，禹将伐之，舜曰：'不可。上德不厚而行武，非道也。'乃修教三年，执干戚舞，有苗乃服。"

　　所以用兵打仗可以分为三种境界：治理国家，广施恩惠，健全法制，百姓亲附，不战而屈人之兵，这是用兵最高的境界；国家富裕，君主贤明，将领忠诚，军纪严明，士兵勇敢，这是第二种境界；了解地理环境，制定合适的战略，战场厮杀，刀光剑影，这是用兵的最下等境界。

在古代著名兵书《孙子兵法》中，也探讨了战争与政治、经济的关系，提出决定战争胜负的五个基本因素，即政治、天时、地利、将帅、法制，认为首要的是政治因素："不战而屈人之兵，善之善者也。"

在战争中还有很多辅助因素，如铠甲是否坚固、兵器是否锋利、战马是否精良、物资是否充足、军队管理是否得当等，这些也是军事文化的重要组成部分。

古人讲用兵要有"三势"和"二权"。"三势"指的是气势、地势和因势。前二者很好理解，毋庸赘言，"因势"指的是进军的时机，用《孙子兵法》中的话说就是："因敌而制胜。""二权"即"知权"和"事权"。"知权"指用兵的谋略、战术，"事权"则指对军队的管理。

战争战备

除以上所述外，古代军事文化还包含浓厚的辩证思想，如敌我、主客、众寡、强弱、攻守、

进退、胜败、奇正、虚实、勇怯、劳逸、动静、迂直、利
患、死生等。并且，古人重视人的主观能动性，认为这才
是在战争中取胜的重中之重。这些军事文化发展到今天，
已不只用于军事领域，在企业经营、商场博弈甚至人际交
往中，也发挥着重要作用。

四、古代优秀军事家必备素质

在战争中，哪一方能得到优秀的人才，哪一方就有更大机会赢得战争胜利。因此，军事将领的任命是决定战争胜败的关键因素。一个优秀的军事家应该具备哪些素质？《孙子兵法》将其归纳为五点："将者，智、信、仁、勇、严也。"

孙武提出的这五点被后人称为"为将五德"。宋代的梅尧臣对其进行了进一步解释："智能发谋，信能赏罚，仁能附众，勇能果断，严能立威。"所以，一个出色的将领需要同时具备这五种素质，五者之间相辅相成，缺一不可。

当然，任何事物都有其两面性，双刃剑要用好了才能发挥作用，否则只会伤到自己。唐代的贾林就曾经总结过极端遵信这五个因素可能导致的不良后果："专任智则贼；偏施仁则懦；固守信则愚；恃勇力则暴；令过严则残。"

　　除此之外，在古代兵书中，对将领素质还有更具体的要求，比如《淮南子》中的"三隧""四义""五行"。

　　"三隧"是指将领要上知天文，下知地理，中间还要体察人情。"四义"是指将领要为国家争取利益而不是谋取私人利益，为了君王要奋不顾身，情势危急的时候要不畏死亡，处理事务不怕承担责任。"五行"指的是将领能柔软但不屈从，性刚强却不折断，秉仁慈但有威严，讲诚信但不容欺骗，具勇敢而不可凌辱。

　　如果说"三隧"是从知识层面考虑，"四义"是从道德层面考虑，那么"五行"就是从个人修养层面对将领提出的要求，这恰恰是三者中最难做到的。

　　以三国时的名将关羽为例。在《三国志》中，曹操评价他"事君不忘其本，天下义士也"，《傅子》中评价他"勇而有义""万人之敌"。不过，董昭却批评他说："羽为人强梁。"陆逊也说他："矜其骄气，陵轹于人。始有大功，意骄志逸。"

　　从这些记载可以看出，关羽基本符合"三隧"和"四义"

关羽

的要求，但在个人修养方面有着明显不足。他最终败走麦城，被人杀害，与其"五行"修养不足有直接关系。所以，对于一个优秀将领来讲，个人修养十分重要。《淮南子》云："盖闻善用兵者，必先修诸己，而后求诸人。"

除了上述这些品质外，一个优秀的将领还要有独到的见解和超群的智慧。简单地说，就是能看到别人看不到的东西，知道别人不知道的事情。能做到这一点，就获得了战争胜利的先决条件。《孙子兵法·谋攻》篇中说："知彼知己，百战不殆；不知彼而知己，一胜一负；不知彼不知己，每战必殆。"

所以，成为一个优秀的将领是很难的事，既要深谋远虑，又要坚守节操，不为外物所动，保持内心的忠义。能做到这些，就可以说达到了一个高深的境界。正如《淮南子》中所形容的："窈窈冥冥，孰知其情……动无常体，莫见其所中，莫知其所穷。攻则不可守，守则不可攻。"

第二章

春秋战国时期的军事家

一、孙　膑

　　孙膑，战国时期齐国人。他是名将孙武的后人，帮助齐国取得了桂陵之战和马陵之战的胜利，为齐国后来的强盛打下了坚实的基础，著有兵书《孙膑兵法》。

　　孙膑与庞涓是同窗，一起学习兵法。后来庞涓出仕魏国，他清楚孙膑的才华高于自己，担心孙膑将来对自己构成威胁，于是设计陷害孙膑，砍掉他的双脚，又在他的脸上刺了字，令他不敢在众人面前出现。

　　受刑的孙膑不甘屈服，以犯人的身份偷偷会见齐国使者。齐国使者觉得他才华出众，于是秘密将他带回齐国。可以看出，孙膑虽然遭逢苦难，却意志坚强，善于抓住机会并制订合适的计划，以实现自己的目的。

　　孙膑到了齐国后，结识了大将田忌。田忌曾与齐威王赛马，当时的马分上、中、下三等，赛马时都是同级别的马互相对决，田忌的马不如齐威王的马，所以经常输掉比赛。孙膑打破常规，用田忌的下等马与齐威王的上等马对决，上等马对齐威王的中等马，中等马对齐威王的下等马，三局比赛中胜了两局，帮田忌赢得比赛。

这次比赛让齐威王对孙膑刮目相看，开始重用他。后来魏国攻打赵国，赵国向齐国求救，齐威王令田忌任主将、孙膑做军师，救援赵国。孙膑不赞成田忌直接去救援赵国的提议，而是劝他说："想要救助正在搏斗的人，不是卷进去与他们打斗，而是抓住关键，直捣其虚弱处，争斗就自然解开了。"他建议趁魏国主力军去攻打赵国的时机，直接进攻兵力空虚的魏国，这时魏国的主力军一定会回来救援，然后齐军以逸待劳，在路上设伏攻击魏国主力军。田忌听从了他的建议，先率军攻打魏国平陵，牵制敌军，并营造齐军无能战败的假象，然后再攻打魏国都城大梁。庞涓迫不得已只能回援。而此时，孙膑已带领主力部队在桂陵（今河南长垣西北）设伏，准备进行阻击。当庞涓行至此处时，果然中了埋伏。毫无准备的魏军完全处于被动挨打的困境，很快大败，庞涓被俘。这就是历史上著名的"桂陵之战"。

十三年后，魏国和赵国一起进攻韩国，韩国向齐国求救。齐军再次进攻魏国的都城大梁，魏军统帅庞涓只得停止进攻韩国，回师救援大梁。

这一次，孙膑没有简单重复围魏救赵的策略，而是针对魏军勇悍轻敌的特点，边撤退边减少军灶的数量，让魏军以为齐国士兵因害怕而纷纷逃走。庞涓果然中计，他抛弃步兵，带领骑兵以两倍的行军速度追赶齐军，结果在马陵中了孙膑的埋伏。最终庞涓战败，自尽身亡，孙膑由此名扬天下。这就是减灶诱敌的"马陵之战"。

孙膑到齐国后，除了辅佐田忌，并在桂陵、马陵之战中重创魏国，留下了围魏救赵和减灶诱敌的战术外，还为我们留下了宝贵的战争理论著作《孙膑兵法》。从这本书中，我们可以窥见孙膑的一些军事思想。如对待战争应该谨慎，不可穷兵黩武；要富国须先强兵，要强兵须先获得人民支持等。在战术的运用上，他

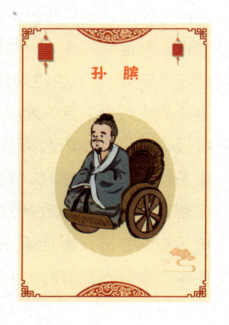

孙膑

强调"必攻不守"，通过积极主动地进攻敌人的薄弱环节，从而调动敌人，掌握战争的主动权，最终获得胜利。他的"围魏救赵"战术即是这一思想的体现。

二、吴　起

吴起是战国初期卫国人，我国古代著名政治家、军事家、改革家。他喜欢钻研兵法，早年曾学习儒术，后来弃儒学兵，创立武卒制，著有《吴子》一书，也称《吴起兵法》或《吴子兵法》。

吴起出生于富庶之家，少年好学，长大后曾外出寻求做官机会，散尽家财却无所得，因此被同乡耻笑。吴起一气之下杀了三十多个嘲笑他的人，然后逃离了卫国，并对母亲发誓说："如果做不了卿相，绝不回卫国。"可惜的是，吴起的母亲没有等到他成名就去世了。吴起在他母亲去世时没有回国处理丧事，他的儒术老师也因此与他断绝关系。自此，他弃儒从兵。

吴起最初在鲁国为将，受命指挥鲁军击败齐国。后来鲁元公辞谢吴起，不再授其官职。经人劝说，吴起离开鲁国，前往魏国。在魏国吴起受到魏文侯的赏识，被提拔为主将，带兵击败秦国的军队，并占领了秦国多座城池。

吴起为将有一个特点，就是与士卒同甘共苦。他的衣食住行都与普通士兵相同，还曾帮助士兵运送粮食，所以麾下士兵都愿意为吴起效命。有一回，他亲自为一个生了毒疮的士兵吸吮脓包。士兵的母亲听说这件事后大哭，旁人都大感不解，问："既然将军对你的儿子这么好，你为何要哭呢？"这位母亲说道："我的丈夫做士兵时，吴公就曾为他吸吮脓包，所以他作战时勇猛向前，结果战死了。现在我的儿子也是这样，只怕将来不知会死在哪里。所以我才哭泣。"

除了亲近士卒外，吴起还改革了魏国的兵役制度。当时普遍实行的是征兵制，吴起将其改为募兵制，实现兵农分离，让作战的士兵更加专业化，从而增强了军队的战斗力。

吴起与士兵

后来魏文侯去世，他的儿子魏武侯继位。一次吴起随魏武侯出行，魏武侯称赞魏国山河险固，乃国之珍宝。吴起当场反驳，他对魏武侯说国家应实行德政，这才是真正的依靠，地势险要不足为凭。他还举例说，三苗居于险地，却被大禹灭掉；夏桀、商纣王都拥有险要的河山，却最终被商汤和周武王灭掉。魏武侯最终也赞同他的意见。

不过，吴起后来还是遭到魏武侯的猜忌，于是离魏赴楚，为楚悼王所用。他在楚国进行大刀阔斧的改革，比如：裁减多余的官员；凡封君的贵族，已传三代的取消爵禄；废除贵族中比较疏远之人的俸禄，将省下来的钱用于抚恤、供养士兵；等等。其主要政策都是为了增强楚国的国力。

强大后的楚国向南攻打百越，向北蚕食陈国和蔡国的土地，大败魏军，并向西攻打秦国。吴起在楚国立下赫赫战功的同时，也因改革损害了楚国贵族的利益，深受楚国贵族怨恨。楚悼王死后，这些贵族趁机发动叛乱，将吴起杀害。

吴起不仅是一位天才的战略家，而且是一位杰出的战术家。他在中国军事史上占有重要地位，与春秋时代的军事家孙武并称"孙吴"。他所创建的魏武卒制度是中国最早的常备兵制度，他所著的《吴子》反映了新兴地主阶级在军队建设、战争理论和作战方法等方面的观点，在中国古代军事典籍中占有重要地位。

三、田 单

田单，战国时期齐国临淄（今山东淄博）人，是齐国田氏王族的远房宗室。早期田单曾做过管理市场的小吏，后来在燕国名将乐毅率领五国军队攻打齐国时，田单率兵击退来犯的军队，挽救了濒临灭亡的齐国，被封为安平君。

乐毅率领联军攻打齐国的都城临淄，齐王逃往外地，田单也带着族人外出避难。他预料到路上逃亡的人一定很多，马车之间相互碰撞，肯定会有所损坏，所以令族人将车轴用铁皮包裹。后来城里的人们争相外逃避难，很多人因为车辆损坏被俘，田单和族人却成功逃到了即墨城。

从此事可以看出，田单遇事不乱，有着长远的眼光和对事情精确的预判。此举让田单赢得了众人的尊敬，负责守卫即墨的大夫战死后，众人推举田单为城守。

　　田单守卫即墨没多久，燕昭王病死，燕惠王即位。田单打听到燕惠王与名将乐毅之间有嫌隙，于是施展反间计，使得燕惠王用将军骑劫取代了乐毅作为统帅。田单还命令城中的百姓每天用食物在院子里祭祀祖先。很多城外的鸟儿因此飞往城中觅食。燕军看到每天都有飞鸟入城大惑不解，田单散布消息说："这是将有神仙做老师来指点我。"

　　这时有个士兵滥竽充数，冒充仙师，但田单竟真的以老师之礼来对待他。这个士兵却很害怕，赶忙承认欺骗了田单，田单让他不要说话，并在接下来的日子里继续发号施令，声称这是神仙的旨意。

　　随后，田单对外散布消息说："我最害怕的就是燕军割掉被俘齐军的鼻子，并驱赶他们同我作战。"燕军听闻后，果然照田单的话去做。城内齐军见俘虏下场如此凄惨，更加决意死守城池。田单又派人散布消息说："我最害怕燕国人挖开城外的坟墓，焚烧我们祖先的尸骨。"燕军果然照做，城内的人大哭，纷

田单

纷要求出城作战。

田单采取的这些计策得以成功，也得益于敌方将领的愚蠢。如果负责进攻的燕军将领仍是乐毅，恐怕田单的这些计谋就无法成功了。

田单为了麻痹燕军，派人去燕军中假意投降。后来他见时机已到，便暗中将城里的牛集中起来，在牛角缚上尖刀，并在牛身披红画彩，牛尾绑上浸油芦苇。接下来田单命人将牛放出城外，并点燃牛尾的芦苇。牛群负痛，直接冲向燕军。燕军见到画着龙形图案的牛群大惊失色，不知所措，很多人被牛角的尖刀划伤。齐军跟随在火牛后面，冲向燕军的阵地，城中的人擂鼓呐喊助威，燕军大败，争相逃命。田单率军追击，燕军一溃千里，田单于是收复了七十多座城池。

田单非常熟悉人的心理，善于利用这一点制定战术，并根据现有的条件，将其灵活运用。司马迁在《史记》中评价道："兵以正合，以奇胜。善之者，出奇无穷。奇正还相生，如环之无端。夫始如处女，适人开户；后如脱兔，适不及距；其田单之谓邪！"

四、乐　毅

乐毅，中山灵寿（今河北平山）人，魏国名将乐羊后裔。乐毅早年在赵国为官，后投奔燕国为臣，曾带领五国联军进攻齐国，几乎将齐国灭亡，是战国后期杰出的军事家、战略家。

乐毅小时候就非常聪明，喜欢兵法，有儒者之风。清末郑观应曾评价说："古之所谓将才者，曰儒将、曰大将、曰才将、曰战将。乐毅……儒将也。"

赵国人曾举荐乐毅出来做官，但后来赵国发生叛乱，此时燕国国君燕昭王礼贤下士，于是乐毅来到燕国。他受到燕昭王的礼遇，被任命为亚卿。

燕昭王打算进攻齐国，乐毅建议说："齐国地广人多，士兵训练有素，如果想要攻打它，就必须联合赵国、楚国和魏国一起对付它。"燕昭王大悦，采纳了他的意见。

乐毅成功联合诸国，于是被燕昭王任命为上将军，率领燕、赵、魏、韩、楚五国联军一起进攻齐国，在济水以西击溃了齐军主力。这时其他诸侯国的军队都停止进军，但乐毅认为齐国已丧失其主力，正是虚弱的时候，应该乘胜追击。于是他率领燕军独自进军，一举攻下齐国都城临淄，齐王外逃。接下来的五年中，乐毅带领军队在齐国四处征战，攻下七十多座城池。

不过，乐毅并非只知攻城略地，他认为只是攻破城池而不能令百姓心服，那么就算攻下整个齐国也无法巩固战果。所以，他对齐国仅剩的两座城池围而不攻，并在被占领的地区实行善政，减免赋税，取消之前的苛政，尊重齐国的文化传统，优待士人。

乐毅的这些举措，在后世获得了很高的评价。张辅称其为"仁者之师"；苏轼也赞扬说："乐毅苟退而休兵，治其政令，宽其赋役，反其田里，安其老幼，使齐人无复斗志，则田单者独谁与战哉！"

可惜后来因燕国的新任国君猜忌，乐毅在燕国无法立足，又回到了赵国。后来燕国将军骑劫率领的燕军被田单大败，燕惠王很后悔，想请乐毅回到燕国。乐毅致书答复，这就是著名的《报燕惠王书》。书中论及的君臣相处之道，亦为后世所推崇。乐毅最终虽然没有回到燕国，却与燕国国君修复了关系，从此他经常往来于赵国和燕国之间，直到去世。

乐毅最擅审时度势。燕国虽弱，他却能说动赵、楚、韩、魏，五国共同伐齐，其智一也；齐国七十余城已下，独留莒（jǔ）和即墨，他施行仁政，收服人心，是想从根本上瓦解齐国，其智二也；新王继位，信任不再，他果断离去，不为昏主效忠，不学冤鬼屈死，其智三也。

五、廉 颇

廉颇，战国末期赵国名将，我国古代杰出军事家。后世将他与白起、王翦、李牧并称为"战国四大名将"。冯唐曾评价："天下之将，独有廉颇、李牧耳。"

廉颇是赵国人。名将乐毅带领五国联军攻打齐国时，廉颇带领着联军中的赵军占领了齐国阳晋城，因此受到赵惠文王器重，并以英勇善战闻名于诸侯。后来，秦昭襄王向赵国索求和氏璧未果，派兵攻打赵国，又提出在渑池与赵王会盟。赵惠文王不敢前去，廉颇和蔺相如力劝赵王前去会盟。

廉颇将赵惠文王和蔺相如送至边境，在分别时说："大王您这次会盟，不会超过一月。一月之后，如果您还未归来，就请允许我拥立太子为王，以断绝秦王想要用您来要挟赵国的想法。"后来秦国见赵国已有对策，只得放赵王归来。

之后廉颇曾带领赵国军队向东进攻齐国，两次击败对方；又率兵进攻魏国，占领了防陵、安阳两座城池。

在秦赵长平之战中，廉颇奉命与秦军交战。此时，秦军人多势众，气势如虹；赵军则身心疲惫，人心不稳。在这种情况下，廉颇根据有利地形，采取固守的方针，将附近的民众发动起来，一面从事战场运输，一面修筑堡垒。他无视秦国军队的挑战，坚守不出。双方相持不下，这种情况持续了三年之久，秦军锐气渐失。

后世很多人在评价廉颇的军事才能时，都认为廉颇擅长防守。赵国平原君赵胜也曾评价廉颇："知难而忍耻，与之野战则不如，持守足以当之。"

可惜后来赵孝成王中了反间计，用赵括取代廉颇，结果遭遇大败，赵国几十万士兵被秦军坑杀。

廉颇

这时，燕国看到赵国壮丁战死，幼儿还未成年，便趁机攻打赵国。赵孝成王再度任用廉颇为将，廉颇击败燕军，杀死了最初提议进攻赵国的燕国丞相栗腹，并俘虏了燕国将领卿秦和乐闲。乐闲就是名将乐毅的儿子。

随后廉颇又带兵包围了燕国都城，燕国在危机之下，只好割让五座城求和。廉颇因此战以少胜多，被赵王封为信平君。

赵国新任国君赵悼襄王继位后，廉颇遭到国君的猜忌和朝臣的排挤，无法在赵国立足，于是逃到了魏国。但廉颇在魏国并没有受到足够的重视，也没有发挥才能的机会，所以他又去了楚国，但也没有立下战功，最终在楚国病逝。

廉颇晚年的遭遇令后世之人十分同情。宋代词人辛弃疾曾感叹："凭谁问：廉颇老矣，尚能饭否？"

六、白　起

白起，秦国郿（今陕西眉县）人，战国时期名将，我国古代杰出军事家，"兵家"代表人物之一。司马迁在《史记》中评价他："料敌合变，出奇无穷，声震天下。"

白起在秦昭襄王时，担任左庶长，带兵进攻韩国的新城，第二年晋升为左更，作为主将，攻打韩国和魏国。白起面对韩、魏两国联军，并未在正面战场与其交战，而是利用韩、魏两军互相观望，不愿率先出击的弱点，在阵前故布疑兵，吸引韩军的主力，暗中却攻击较为薄弱的魏军。魏军仓促应战，随即败北。秦军逐渐将韩、魏联军主力包围于伊阙，最终歼灭韩、魏联军二十四万人，占领了伊阙，后又俘虏魏将公孙喜，攻下五座城池。白起也因此一战成名。

战后一年，白起被升为大良造，先后带兵攻打魏国、赵国、楚国，攻下无数城池，甚至还攻陷了楚国的都城郢。因功勋卓著，白起被封为武安君。

秦昭襄王三十四年（前273年），白起救援韩国的华阳，与赵、魏联军作战，斩首十三万；后又与赵国交战，在黄河溺死赵军两万人；秦昭襄王四十三年（前264年），白起攻打韩国，夺取五座城池，斩首五万。

秦赵长平之战时，赵王用赵括取代廉颇，秦王则用白起为主将，让之前领兵的王龁任副将。白起利用赵括鲁莽轻敌的特点，先是佯装败退，将赵军主力吸引至秦军壁垒前，又派兵攻击赵军的两翼，同时切断赵军与后方的联系。赵军被秦军分割包围，无法攻破秦军壁垒，双方相持不下。赵军断粮四十六天之后，暗中残杀相食。赵括只得带兵突围，结果战死。赵军四十万士兵投降。白起认为赵军反复无常，于是采用欺骗的手段将他们全部坑杀，只留下年纪小的二百四十人回赵国报信。

坑杀战俘

长平一战一举歼灭赵军四十余万人，是中国先秦战史上最早、规模最大的包围歼灭战。综观白起的作战风格，他并不过分看重攻城略地，而是致力消减敌方的战斗力。这种做法令其在战国的名将中独具一格。

当然，歼灭战的后果就是杀戮惨重，白起因此被后世很多人诟病。扬雄曾批评白起"不仁"，并将他与蚩尤相提并论；宋太祖赵匡胤也认为白起杀降卒，胜之不武，不配在后世享有崇高的地位。

长平之战后，白起受到朝臣妒忌。秦王想要派白起进攻赵国邯郸，白起认为邯郸城不易攻打，况且秦国在长平之战也大伤元气，其他诸侯国又对秦国虎视眈眈，因此称病拒绝出征，与秦王产生嫌隙。秦王不听劝告，攻打邯郸，果然战败，自此之后更加怨恨白起。

此后，秦王想要强行起用白起，白起借病推辞，因此被免官放逐至阴密。白起有病在身，并未立即启程。但秦军不断战败，秦王愤怒，命白起即刻动身，白起只得带病上路。最后因"其意怏怏不服，有余言"，被秦王派使者赐剑勒令自杀。唐太宗李世民对他的死很惋惜，曾说："白起为秦平赵，乃被昭王所杀……乃君之过也，非臣之罪焉。"

白起一生大小七十余战，从无败绩，这在军事史上是极为罕见的。他在战争中不以攻城略地为唯一目标，而注重歼灭敌人有生力量，因而强调追击战、歼灭战，往往造成过多杀伤，也是他被后人诟病的原因之一。

七、王 翦

　　王翦是战国时期秦国人，生于频阳（今陕西富平），我国古代杰出军事家，为秦始皇统一六国作出了重大贡献。邓廷罗将他与韩信并列，评价道："古之善用众者，莫如王翦、韩信。"

　　王翦少年时便喜好兵法。秦王政十一年（前236年），他带兵攻打赵国的阏与（今山西和顺县），令军中俸禄不满百石的校尉回家，并从原军队每十个人中挑出两人，由此组成了一支精锐部队。王翦不仅用这支精锐部队攻克了阏与，还占领了另外九座城池。

　　秦灭赵国的时候，王翦率领秦军与赵国名将李牧对峙。他施展反间计，使得赵王杀掉李牧，接着大破赵军，攻下赵国都城邯郸，俘虏赵王迁。两年后，王翦又带领秦军攻下燕国，燕王喜逃到辽东。

　　秦王政二十一年（前226年），秦王嬴政想要进攻楚国，征询王翦的建议。王翦说："没有六十万人是无法取胜的。"秦王又问另一位将军李信，李信则认为二十万军队就够了。秦王因此认为王翦年老胆怯，便派李信和蒙恬带兵二十万进攻楚国。王翦于是告老还乡。

后来秦军被楚军击败，七个都尉被杀。秦王亲自去请王翦出山，王翦仍坚持灭楚需要六十万大军，秦王同意。在出征前，王翦请求秦王赏赐良田美宅、园林池塘。秦王问其原因，王翦回答："做大王的将军，即使立了功也难以得到封侯的赏赐，所以趁着大王还器重我的时候，为子孙请求些产业罢了。"秦王大笑同意。

王翦出函谷关后，又多次派使者向秦王请求赏赐良田。有人认为他做得太过分了，王翦解释道："秦王善猜忌。现在秦国的精锐尽在我手中，如果我不多请求田宅，那么秦王就要怀疑我了。"

王翦到前线之后，并不与楚军交战，只是坚壁防守。他让军士充分休息，并改善伙食，自己与士兵吃同样的饭菜。就这样过了很长时间。一天，王翦派人询问士兵们都在做什么，对方回答说："正在比赛投石，看谁扔得远。"王翦则说："现在可以出战了。"

楚军见秦军始终拒不出战，于是开始撤退。王翦则趁机追赶敌人，结果大败楚军，并斩杀了楚将项燕。一年后，王翦俘虏楚王，平定楚地。后来王翦还曾南征百越，并取得胜利。

王翦善于审时度势。战国时很多名将下场都较为凄惨。王翦面对多疑的秦始皇，还能得到善终，非常难得。但他过于明哲保身，也受到很多批评。司马迁在《史记》中评价道："王翦为秦将，夷六国，当是时，翦为宿将，始皇师之，然不能辅秦建德，固其根本，偷合取容，以至笁身。及孙王离为项羽所虏，不亦宜乎！彼各有所短也。"

八、李　牧

　　李牧是战国时期赵国人，生于柏仁（今河北隆尧县），我国古代著名军事家。徐钧曾作诗评价："良将身亡赵亦亡，百年遗恨一冯唐。当时不受谗臣间，吕政何由返故乡。"

　　李牧长期驻守在赵国北部边境对抗匈奴。他对军中的士兵宽仁信任，常杀牛改善士兵伙食，并训练军士骑马射箭。他十分注重情报的传递，派出很多人侦察、探听敌情，并派人小心看守烽火台。他还规定匈奴入侵的时候，应立即撤退，退入营垒固守，避免与敌方作战，擅自出战的人按军法处置。虽然当时的人普遍认为李牧怯战，但他的这种做法令匈奴的多次入侵都无功而返，赵国也未遭受过太大损失。

　　后来赵惠文王派人代替李牧。此后赵军与匈奴经常交战，损失惨重，边境的百姓也无法专心从事生产。赵惠文王只得重新起用李牧。李牧说："大王一定要我做主将，我还是重复之前的策略。"赵王同意。

匈奴在李牧到来后，又回到经常一无所获的状态。赵国的士兵常受李牧恩惠，却又无法报答，都想和匈奴打一仗。于是，李牧放出大批牛羊引诱匈奴小股人马来攻，随后佯装败退。单于听到这种情况，率领大批人马入侵。李牧布下奇兵，设伏攻击匈奴的两翼，结果大破匈奴，杀死匈奴十几万人马。

李牧杀敌

此战是先秦战争史上以步兵大兵团全歼骑兵大兵团的经典战例，对后世如何用步兵克制骑兵战术的发展有着深远影响。随后，李牧又灭襜（chān）褴（lán），打败东胡，收降林胡，迫使单于逃跑。在此之后，匈奴十多年不敢犯境。

除了抗击匈奴，李牧还曾带兵攻打燕国，占领武遂和方城。后来他也曾受命与秦军对战。

前 233 年，秦国进攻赵国，李牧临危受命，率军抵抗秦军。他认为秦军士气正盛，不宜与之争锋，于是固垒自守。秦军主力进攻肥下，想要引诱李牧救援。李牧力排众议，继续留守，并趁秦军主力外出，攻下秦军营地。后来他又在秦军主力回援的路上进行狙击，大获全胜，因功被封为武安君。

前 232 年，秦国分两路攻赵，而赵国此时发生旱灾，人心不稳。赵王命李牧速战速决。李牧于是集中兵力，先击溃北路秦军，随后与司马尚合军进攻南路秦军。对方闻知北路秦军已败，毫无战意，一触而溃。这是秦、赵两国交战中，赵国最后一次取得重大胜利。

前 229 年，秦王派王翦攻打赵国。王翦深知李牧不除，秦国难以迅速取胜，于是散布谣言，诬陷李牧勾结秦国。赵王中计，用其他将领替代李牧。李牧拒不受命，赵王于是暗中派人逮捕李牧，并将他杀害。三个月后，赵军便被秦军击败，赵王亦被俘虏。苏洵曾感叹："洎牧以谗诛，邯郸为郡，惜其用武而不终也。"

李牧用兵，讲究练兵之道，重视各个兵种的协同作战。他尤其注重军事指挥的自主权，强调"将在外，君命有所不受"的原则，最终也因此获罪丧命。

第三章

秦汉时期的
军事家

一、项 羽

项羽，名籍，字羽，下相（今江苏宿迁）人，楚国名将项燕的孙子，秦朝末年政治家、军事家。他身长八尺，力气过人，神勇无匹。后人评价他："羽之神勇，千古无二。"

项羽少时即有大志。他看见秦始皇出游时阵势庞大，便说："他是可以被取代的。"后来与叔父项梁一同起兵反秦，项羽亲自持剑杀死郡守，又杀死近百名郡守的下属，一时竟无人敢反抗。

项梁起兵后，立楚王后裔熊心为楚怀王，接连击败秦军，声势浩大。秦将章邯乘其不备，率兵突袭，杀死了项梁，然后又引兵去攻打赵军。

项梁战死后，楚怀王任命宋义为上将军，项羽为次将，两人一起去救援被秦军围困的赵军。项羽认为应该与赵军里应外合，击破秦军。宋义却想让秦军与赵军互相消耗，坐收渔利，在安阳停留了四十六天没有前进。他设酒大宴宾客，还下令军中不听指挥的人一律斩首。

此时天降大雨，士兵又冷又饿。项羽说道："如今军中没有存粮，宋将军却设酒大宴宾客。以秦军的强大，一定会灭掉赵军。秦军强大了，对我们有什么好处呢？宋将军不是国家的忠臣。"于是项羽杀了宋义，并在军中下令说："宋义想要谋反，楚怀王命我诛杀他。"众将领被他震慑，不敢反抗，于是推举项羽为上将军。桓楚将此事报告给楚怀王，楚怀王也只好任命项羽为上将军。此举令项羽威震楚国，名闻诸侯。

项羽接下来带兵渡河救援巨鹿。当时项羽帐下只有几万士兵，而秦军则有四十余万。项羽率军渡河后，命令军士凿沉船只，砸破炊具，只带三天口粮，以示决一死战，绝不后退。此举大大提高了楚军的士气，楚军人人英勇奋战，呼声震天，无不以一当十，经过九次激战，终于击退秦军。此后项羽又多次奋战，最终消灭了秦军主力。刘邦乘机带兵攻入咸阳，秦朝灭亡。

项羽与乌骓

秦朝灭亡后，项羽与刘邦展开楚汉争霸。项羽率军在彭城大破汉军，杀死汉军十多万人，又乘胜追击。汉军逃到睢水边，落水的汉军有十多万，就连睢水也为之断流。此后，项羽虽百战百胜，然而天下诸侯纷纷背叛，项羽疲于奔命，最终被围困在垓下。

项羽带了八百多士兵突围，在问路时被农夫欺骗，陷入一片沼泽，此时随项羽突围的士兵只剩下二十八骑。项羽对众人说："我起兵八年，身经七十余战，从未输过。今天我要连胜三次，并斩杀敌将，让各位知道是上天想要灭亡我，不是我作战时犯了过错。"

于是，项羽带头突围，所向披靡。骑兵将领杨喜想要追击项羽，项羽瞋目呵斥，杨喜吓得掉头就跑，竟退后了数里。项羽紧接着又斩杀了一个汉军都尉，并杀死几百人，己方只损失了两名骑兵。项羽问手下："如何？"众人皆拜服："就和大王说的一样。"

最终，项羽虽突围到乌江边，但无颜再回江东。他将马送给撑船的亭长后，手持短兵步战，又杀死汉军几百人，自己也身受重伤。他看见汉军的骑司马吕马童，说道："你不是我的故人吗？听说汉王悬赏一千金、一万户封邑来得到我的人头，我就成全你吧！"于是自刎而死。

在中国几千年的历史中，少有如项羽般勇武的将领，但他过于依仗自己的武力，轻视德行，以致最终败亡。司马迁评价他："自矜功伐，奋其私智而不师古，谓霸王之业，欲以力征经营天下，五年卒亡其国，身死东城，尚不觉寤而不自责，过矣。乃引'天亡我，非用兵之罪也'，岂不谬哉。"

二、韩　信

　　韩信是古代著名军事家，西汉开国功臣，与萧何、张良一起被称为"汉初三杰"，被萧何誉为"国士无双"。明代散文家茅坤在《史记抄》中评价："韩信，兵仙也，然哉！"

　　韩信是淮阴（今江苏淮安）人，早年穷困潦倒，寄人篱下，受尽白眼，还遭到市井少年的侮辱，从对方胯下钻过。他怀才不遇，在项梁、项羽、刘邦等人帐下，都不受重用。直到萧何向刘邦大力举荐韩信，刘邦才任命他做了大将军。

　　拜将后刘邦问韩信："丞相多次提起将军，将军有什么计策献给我呢？"韩信于是将项羽与刘邦之间的优势和劣势进行了分析，指出项羽是妇人之仁、匹夫之勇，而且背信弃义，扰乱关中百姓，早已让天下离心，而刘邦则是众望所归。韩信在这段谈话中对天下大势的分析，展现了其敏锐的战略眼光和卓越的大局观，二人的这段对话也被后人称为"汉中对"。

明代文学家唐顺之将"汉中对"与刘备和诸葛亮的"隆中对"相提并论，并称赞韩信："淮阴者，非特将略也。"明代史学家王世贞也褒扬韩信："淮阴之初说高帝也……若悬券而责之，又若合券焉！噫，可谓才也已矣！"

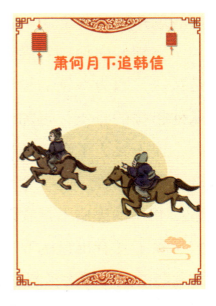

在夺取关中的战役中，韩信用"明修栈道，暗度陈仓"的计策，表面上投入大量人力、兵力去修复被烧毁的栈道，借此来迷惑敌人，暗中却从故道奇袭陈仓，一举助刘邦夺取了关中之地，奠定了日后争霸天下的基础。

在与魏王豹的战斗中，韩信故技重施，但又展现了其不拘一格的作战思路。当时，面对堵塞黄河渡口后据城驻守的敌军，韩信故布疑阵，命人将渡河的船只排列好，假装渡河，暗地里却派人在其他地点用木制的盆瓮渡河，偷袭敌方城池。魏军在毫无准备下惊慌失措，很快便败下阵来，魏王豹也被俘。

韩信非常擅长制造假象来迷惑敌人。在井陉之战中，韩信无视兵法中"背山面水"的布阵常识，派先头部队背着河水摆开阵势，以此麻痹敌军，暗中则安排轻骑兵在正面战场开战后偷袭对方军营，结果大获全胜。

将领们向他询问胜利的原因时，韩信告诉对方，这也是兵法。因为率领的是没有受到他长期训练且并不完全听从他指挥的将士，再加上地形不利，如果不置之死地而后生，让士兵为了自身的性命奋战，就没有胜利的希望，所以才背水布阵。此举令跟随他的将领们心悦诚服，纷纷说道："将军的谋略不是我们能比得上的。"

除了具有出色的军事才能外，韩信也善于用人。韩信在井陉之战中俘虏了赵国的谋士广武君李左车，他对其以礼相待，并虚心地向对方请教进攻燕国和齐国的方法。广武君被韩信的诚意打动，建议韩信休养生息、保境安民，然后招降对方。韩信按广武君的话去做，燕国听说了以后，再无战意，向汉军投降。

韩信是我国古代最出色的将领之一。所谓"韩信用兵，多多益善"，他善于指挥大兵团作战，就算是一群乌合之众，韩信也能根据士兵的具体情况，制定出与之相适应的战术。他用兵的特点是灵活多变，因地制宜，不受地理、天气等环境因素的制约，为后世兵家所推崇。

三、卫 青

卫青，字仲卿，河东平阳（今山西临汾）人，西汉时期杰出军事家，民族英雄。他一生七次出击匈奴，斩杀、俘虏敌人众多，为汉朝立下赫赫战功。

卫青年少时在汉武帝的姐姐平阳公主家中为奴。与历史上其他名将不同，卫青少年时并无大志。一次，有个囚犯为他相面，说："你是个贵人，将来要封侯的。"卫青却笑着说："我是家奴所生，不挨打就好了，怎么会有封侯的事呢？"

后来，卫青的姐姐卫子夫被汉武帝看中，得到宠幸。卫青也因此得到机会被汉武帝赏识，被封为建章监、侍中，后又被任命为太中大夫。

元光五年（前 130 年），匈奴兴兵南下。汉军分四路迎击匈奴，每支军队各一万人。卫青担任车骑将军，从上谷郡出兵，一直进攻到匈奴祭天圣地龙城，斩杀并俘获匈奴七百多人。这是汉朝与匈奴对战以来取得的首次胜利，大大振奋了汉军士气，卫青也因此被封为关内侯。

元朔二年（前127年），匈奴大举入侵。汉武帝派李息从代郡出击，卫青从云中郡出兵，进攻匈奴盘踞的河南地。卫青采用"迂回侧击"的战术，并未与匈奴正面纠缠，而是带军击其后方，切断了其与单于王庭的联系。随后将其包围，活捉匈奴数千人，捕获了数百万牲畜。经过这次大战，匈奴再也无法对汉朝

都城长安构成直接威胁，汉朝还建立起进一步反击匈奴的前方基地。汉武帝将三千八百户的封邑赐给卫青，并封他为长平侯。

元朔五年（前124年），卫青率领三万骑兵，从高阙出发，再次进攻匈奴。匈奴右贤王轻敌无备，被汉军突袭，只带了几百人逃走。最终，汉军俘虏右贤王的小王十余人，男女一万五千余人，牲畜达千百万头。卫青因功被封为大将军，节制诸将。

汉武帝又封卫青的三个儿子为侯。卫青认为军队获

胜，是将士英勇奋战的结果，自己的儿子没有立功，不宜受封。汉武帝得知卫青心意，便对军中立功的将士进行了封赏。

元朔六年（前123年）春，汉军再次出击，分六路大军进攻匈奴，虽有胜利，然而赵信、苏建部三千人遭遇匈奴主力，赵信投降，苏建独自逃回。军中商议如何处置苏建，有人认为苏建抛弃军队，应该杀之以正军法；也有人认为苏建以寡敌众，力战不屈，若是将他斩杀，以后军士战败只怕就不会再返回军中了。

卫青拒绝用斩杀将领的办法来树立自己的威信，他对众人说道："虽然我有斩杀罪将的权力，但不敢擅自在国境以外诛杀将领。"于是卫青将苏建送回朝中，由皇帝处置。可见，卫青虽位高权重，但处事仍十分谨慎。

元狩四年（前119年），卫青与霍去病各率五万骑兵，以及步兵和运输物资的军队数十万，分两路出击匈奴。卫青遭遇匈奴主力，他临危不乱，下令将战车排成环形营垒，又命五千骑兵纵马奔驰，抵挡匈奴。双方旗鼓相当，然而战场忽起大风，匈奴单于见汉军人多，对匈奴不利，遂率几百骑冲开汉军包围，向西北奔去。卫青派轻骑追击，主力随后，打得匈奴军四散奔逃。最后虽未追到单于，但获得了其积存的粮草。汉军战后回营时，才遇到迷路的前将军李广和右将军赵食其。卫青将情况上报汉武帝，并令李广部下前去对质，李广不愿受辱，自尽而亡。

卫青一生功勋卓著，地位尊崇，但为人谦卑，勤恤士卒，深得军心。淮南王刘安打算谋反时，向人询问卫青的为人，对方答道："大将军号令明，当敌勇，常为士卒先；须士卒休，乃舍；穿井得水，乃敢饮；军罢，士卒已逾河，乃度。皇太后所赐金钱，尽以赏赐。虽古名将不过也。"刘安听后默认不语。他认为要造反成功，就必须先杀掉卫青，因此还特意派人潜伏到卫青身边以备计划，由此可见卫青在当时人心目中的地位。

四、霍去病

霍去病，河东平阳（今山西临汾）人，我国古代著名军事家、民族英雄。他是大将军卫青的外甥，一生中六次出击匈奴。班固在《汉书》中写道："骠骑冠军，飚勇纷纭，长驱六举，电击雷震，饮马翰海，封狼居山，西规大河，列郡祁连。"

霍去病是平阳侯府女奴卫少儿与小吏的私生子，卫少儿是卫青的姐姐。霍去病在很长一段时间内都不知道自己的父亲是谁，直到成为骠骑将军后，才与父亲相认。他为人沉默寡言，不露声色，但有气魄，勇于任事，少年时就擅长骑射。

汉武帝曾想教给他孙子和吴起的兵法，但被霍去病拒绝，他认为打仗只看策略如何就行了，不必学习古代的兵法。霍去病的这种观点，在古代名将中独具一格。明朝丘濬曾评价："自古名将不用古兵法者三人，汉霍去病、唐张巡、宋岳飞而已。皆能立功当时，垂名后世。"

霍去病十八岁时以校尉的身份，跟随卫青出征。他不拘常理，没有跟随大军前行，而是带领八百人独自行军，最终成功击败匈奴军队，斩首和俘虏两千多人，其中还包括匈奴的相国等官员，以及匈奴单于的叔父。霍去病在这次出征中，立下汗马功劳，全军中无人可与其相提并论，于是汉武帝将他封为冠军侯。

霍去病

元狩二年（前121年），霍去病被任命为骠骑将军。同年春，他率领军队从陇西出兵，经过六天的转战，越过焉支山一千多里与匈奴在皋兰山下交战，并取得丰硕战果。匈奴折兰王、卢侯王战死，其麾下精锐也被歼灭。霍去病还生擒了浑邪王的儿子及相国、都尉，斩首八千多人，并夺取了休屠王的祭天金人。

同年夏，霍去病再次出击匈奴，捉住了酋涂王，收降其相国、都尉等有二千五百人，斩杀敌人三万零二百名，还俘获了匈奴单于的妻子及大小王子等众多贵族。同年秋，霍去病带兵迎接来投诚的浑邪王，斩杀企图逃亡的军士八千人。

元狩四年（前119年），卫青、霍去病各率五万骑兵，以及步兵和运输物资的军队数十万，分两路出击匈奴。霍去病以李敢等为大校，从代郡、右北平郡出发，北进两千多里，与匈奴左贤王部展开激战并获胜，俘虏匈奴屯头王、韩王等三人及将军、相国、当户、都尉等八十三人。霍去病乘胜追杀至狼居胥山，捕获杀死敌人七万零四百四十三人。经此一战，匈奴实力锐减，此后遁逃至漠北。

霍去病在狼居胥山祭天，在姑衍山祭地，登临瀚海。汉武帝为表彰霍去病的功劳，封其食邑五千八百户，加拜大司马，与大将军卫青待遇相同。霍去病日趋显贵，就连卫青身边的食客都纷纷投靠他，但他并未恃宠而骄。他行事风格与其舅舅卫青相近，循规蹈矩，谨慎自守。

元狩六年（前117年），霍去病英年早逝，年仅二十四岁。汉武帝准许霍去病陪葬茂陵，并将其坟墓修成了祁连山的模样，以表彰他远击匈奴之功。

霍去病胆气雄壮，勇猛果敢，敢于长途奔袭、快速突袭和大迂回、大穿插，是天生的骑兵统帅。他歼敌之众、辟地之广，在同时期诸将中可谓首屈一指。

在《国史大纲》中，钱穆对霍去病给予高度赞扬，他写道："亦会其时汉多人才，大将最著者莫如霍去病……观去病之将兵，较之项王未多逊。故唐人诗'借问汉将谁？恐是霍票姚'，独数其人，非虚也。"

五、马 援

马援，字文渊，扶风茂陵（今陕西兴平东北）人，西汉末年至东汉初年名将，东汉开国功臣，我国古代著名军事家。他一生南征北战，立下赫赫战功。王夫之在《读通鉴论》中将他与韩信相提并论，称："能任也，则不能让，所谓豪杰之士也，韩信、马援是已。"

马援少年时就与众不同，他的兄长曾教他学诗，但他不愿拘泥于章句之间，只想去边境地区放牧。他的兄长对他说："你是能担当大任的人，成就会比较晚，你就按自己的喜好去做吧。"

建武元年（25年），刘秀建立东汉王朝后，马援的哥哥马员前来投奔。马援则留在西州，并得到陇右军阀隗嚣的器重，授为绥德将军。

后来，马援劝隗嚣归降光武帝刘秀，但隗嚣旋即背叛。马援此时已投靠刘秀，他在刘秀犹豫是否应当出征时，力劝刘秀出征，并当场用米堆成山谷沟壑形状，示意军队应如何进军，将整个战事分析得清楚明白。刘秀大喜，决定进军，结果汉军一举摧毁了隗嚣军主力。蔡东藩因此称赞："援诚不愧智士！"

建武十一年（35 年），羌人不断骚扰陇西边境，光武帝任命马援为陇西太守。马援带领汉军骑兵与步兵三千人攻打羌人，第一次交战就击败敌人，斩首数百人，获马牛羊一万多头，负责守卫的羌人不战而降。当时，还有几万羌人占据关隘继续抵抗，马援声东击西，在战前布阵吸引羌人注意，暗中派人到其后方放火。羌人在汉军的前后夹击下溃败，马援则带领汉军趁势猛攻。他身先士卒，小腿都被箭射穿了。光武帝听说这个消息之后，派人赏赐大量牛羊，马援则将所得的赏赐全部分给了部下。

建武十三年（37 年），羌人再度叛乱，马援带兵讨伐。他见羌人占据山头，于是断绝了羌人的水源。羌人水草匮乏，无力再战，大部分逃亡，还有一万多人归降。马援在陇西任太守六年，恩威并施，羌人逐渐归服。

一次，县里的乡人拿着武器争斗，县长以为是羌人叛乱，马上跑来请示马援。马援笑着说："羌人现在怎么敢叛乱呢？你回家守着就行了，要是害怕的话，可以躲到床底下。"果然，没过多久，城中就安定下来，众人更加佩服马援。

建武十七年（41 年），交趾女子征侧、征贰举兵造反，光武帝任命马援为伏波将军前往征讨。马援直驱千里，不到两年就击败叛军，斩首数千级，降者万余人。朝廷封马援为新息侯，食邑三千户。马援犒赏三军时感慨道："士人一生，乡里称善、衣食充足即可，如果贪求更多，不过是自寻苦恼而已。如今我是靠着诸位的力量才获得如此殊荣，既高兴又惭愧。"众人俯首皆称万岁。之后马援继续追击叛军残党，又斩杀俘获五千人，平定岭南。

建武二十一年（45 年），马援北定乌桓。建武二十四年（48 年），马援以六十二岁高龄出征岭南，可惜未立功即遭人陷害，最终病死在出征路上。马援戎马一生，以胆气自雄，其老当益壮、马革裹尸的气概，直到今天依然受到人们的敬仰。

六、周 瑜

周瑜，字公瑾，庐江舒县（今安徽庐江）人，东汉末年军事家、政治家。他先后辅佐孙策和孙权开拓江左，在赤壁之战中，指挥孙刘联军大破曹军，为后来魏、蜀、吴三分天下奠定基础。陈寿在《三国志》中称赞："周瑜、鲁肃建独断之明，出众人之表，实奇才也。"

周瑜出身名门望族，身材高大，长相俊美，志向远大。他带领五百人助孙策平定横江、当利、秣陵，接着又打败了笮融、薛礼，转而攻占湖孰、江乘、曲阿，逼走刘繇。后来任中护军、江夏太守，随孙策攻占皖城。

孙策遇刺身亡，周瑜从外地带兵前来奔丧，以中护军的身份与长史张昭共掌军政大事。当时，孙策的弟弟孙权刚刚继位，年纪幼小，主少国疑，只有少数郡归附。周瑜为了表现自己对孙权的支持，主动用臣子拜见君王的礼节去拜见孙权，他的行动对稳固孙权的地位起到了非常重要的表率作用。

袁术曾想将周瑜收入帐下，但周瑜认为他目光短浅，骄傲无知，难成大事，所以婉拒。曹操曾派蒋干游说周瑜，周瑜明白蒋干来意，向蒋干展示自己的府库军器和孙权赏赐的侍从、珍玩，并说："大丈夫处世，遇知己之主，外有君臣之义，内有骨肉至亲，祸福与共，就算张仪、苏秦复生，也无法劝我改变心意。"

蒋干回去以后，称赞周瑜："雅量高致，非言辞所间。"天下的士人也因此赞叹周瑜的忠义。

建安十三年（208年），曹操率军南侵，在占领荆州后，并未停止进攻的脚步，而是向东吴逼近。东吴众臣大多主张投降。周瑜力排众议，从各方面分析双方局势：在道义上，曹操托名汉相，实为汉贼；在形势上，曹操后方有马超、韩遂牵制，必有所顾忌；在地形上，江东有长江天险；在军队方面，曹操士兵不善水战且多为北人，水土不服，军中必生疾疫。

周瑜还分析，曹操在北方的兵力不过十五六万，如今多方征战，早已疲惫不堪。他在荆州收降刘表的士兵七八万人，人心尚未归附，所以他的军队至多二十几万人，士兵中又存在各种各样的问题，并没什么可怕的。

最后，周瑜对孙权说："现在正是击败曹操的好时机，我请求率领精兵三万人，进驻夏口，保证能为将军击败曹操。"孙权最终下定决心，与曹军一战。他任命周瑜为主帅，率军与刘备合力迎战曹操。

孙刘联军与曹军在赤壁相遇。曹军多已有疾病，士气明显不足，刚一交战，就被周瑜水军打败，退到了江北。周瑜则在南岸赤壁一侧，隔长江与曹军对峙。

当时曹操因为北方士卒不习惯坐船，所以将舰船首尾连接起来，这样人马在船上如履平地。周瑜部将黄盖针对这一点提出了用火攻的建议。周瑜采纳他的建议，借诈降以装满薪草、油脂的小船靠近曹军用铁索连起来的大船，然后点燃小船，借助风势直冲曹军大船。曹军大败，其人马烧死、溺死者甚众。这就是赤壁之战，是我国历史上著名的以少胜多的战例。此一战，加强了孙氏政权在江东地区的地位，也使得周瑜名震天下。

赤壁之战后，周瑜又带兵进军南郡，击败曹军大将曹仁，占领了荆州的部分地区。此后，他又提出征伐巴蜀的战略方案，认为如此一来就占领了全部的长江天险，退可据江而守，进可联合马超，与曹操争夺天下。

可惜计策还未实施，周瑜便在返回江陵的途中病逝。南宋陈亮感叹："此非识大略者不能为也。使斯人不死，当为操之大患，不幸其志未遂而天夺之矣。"

第四章

魏晋南北朝时期的
军事家

一、诸葛亮

诸葛亮，字孔明，号卧龙，琅邪阳都（今山东沂南）人，三国时期蜀汉丞相，我国古代杰出的政治家、军事家、发明家、文学家。他五次北伐，鞠躬尽瘁，死而后已的事迹，被后世广为称道。

诸葛亮出身琅邪望族，年幼时就失去父母。他少有大志，常以管仲、乐毅自比。当时的荆州名士司马徽对诸葛亮评价很高，并将他推荐给刘备。

后来，徐庶也向刘备推荐诸葛亮。刘备亲自拜访诸葛亮，三顾茅庐之后才见到。诸葛亮向刘备陈说了三分天下之计。他认为曹操统一北方后，人多势众，兵强马壮，且挟天子以令诸侯，所以不可与之争锋。孙氏据有江东，人心归附，可以与之结盟，而不能谋划攻打他们。荆州北靠汉水、沔水，向南可以沟通南海，东面和吴郡、会稽郡相连，西边和巴郡、蜀郡相通，是交通要道，但刘表却没能力守住它。益州地势险要，沃野千里，物产丰富，其主刘璋却才能平庸。如果能占据荆州和益州，实行善政，则霸王之业可成。

诸葛亮的这番论述，被后世称为《隆中对》（又称《草庐对》）。它显示出诸葛亮对天下大势的精确把握，以及高明的战略眼光，并成为日后蜀汉的基本国策。赤壁之战前，诸葛亮亲赴东吴，劝孙权结盟，方使天下得以三分。

章武元年（221年），刘备不听劝阻，大举伐吴。诸葛亮感叹："可惜法正故去，否则必能阻止陛下东征之举。"结果刘备大败。章武三年（223年），刘备病重，临终前将国事托付给诸葛亮。

建兴元年（223年），南中叛乱，诸葛亮因国家遭遇大丧，没有出兵。两年后，诸葛亮率军南征，所向皆捷。听说败军中孟获为当地人信服，于是把他抓来参观自己的军队。孟获说："之前是因为不了解你们的虚实，所以才落败，现在我已看过你的军营，接下来肯定能获胜。"诸葛亮放他回去，再次作战，七纵七擒，孟获最终表示臣服。

建兴六年（228 年），诸葛亮出师北伐。他先令赵云、邓芝故布疑兵来吸引曹真主力，自己则率领大军攻祁山。陇右的南安、天水和安定三郡反魏附蜀，关中一时震动。可惜马谡违反诸葛亮的命令，在街亭被张郃打败。负责在前方诱敌的赵云等人亦独木难支。诸葛亮只得下令退兵并挥泪斩杀马谡，同时上疏请求自贬三等。第一次北伐宣告失败。

同年冬，诸葛亮趁魏兵东下，关中空虚之际，再度出兵北伐。蜀军包围陈仓，被魏将郝昭阻拦，诸葛亮劝降不成，又粮草不继，只得退兵。第二次北伐失败。诸葛亮在建兴七年（229 年）、九年（231 年）再次北伐，虽然斩杀魏国大将张郃，但终因粮尽未能取得大的收获。

建兴十二年（234 年），经过充分准备的诸葛亮再度北伐。鉴于之前几次北伐因粮尽退兵的教训，诸葛亮命令军士屯田。魏国派出司马懿带兵抵御诸葛亮，两军相持多日，无论蜀军如何挑衅，魏军始终拒不出战。

同年八月，诸葛亮病逝于五丈原，临终前安排好蜀汉国务，并下令军队撤退。司马懿带兵来到蜀军遗留的营地，称赞诸葛亮："真乃天下奇才也！"

二、司马懿

　　司马懿，字仲达，河内温县（今河南温县）人，三国时期曹魏政治家、军事家，西晋王朝的奠基人之一。

　　据《晋书》记载，司马懿"少有奇节，聪明多略，博学洽闻"。当时的尚书崔琰曾对司马懿的哥哥说："你弟弟聪明，做事果断，英姿不凡，不是你能比得上的。"

　　司马懿后来被征辟入仕，多次献策。曹操征讨汉中的时候，司马懿劝曹操趁机拿下蜀地，被曹操拒绝。明末学者黄道周认为，从这一建议中，可以看出司马懿心怀大志："司马魏人，从讨张鲁。备争江陵，请乘蜀土。言虽不从，大志已睹。"

　　太和元年（227年），诸葛亮准备北伐，之前投降魏国的蜀将孟达与诸葛亮暗中往来。司马懿看到孟达反复无常，不待其反迹败露，就暗中率军讨伐。诸葛亮警告孟达小心行事，但孟达认为司马懿必须先请示天子，才可行动，司马懿所在的宛城与都城洛阳相去甚远，报告请示一来一回至少需一个月，所以对诸葛亮的警告置之不理。结果司马懿日夜兼程，八天即抵达新城城下，孟达仓促应战，大败被杀。

青龙二年（234 年），诸葛亮伐魏。司马懿率军阻击，他认为百姓聚积的粮食财物都在渭水之南，所以拒绝了众将在渭水北扎营的建议。渡过渭水，司马懿将军营设在渭水之南，并听从郭淮的建议，识破诸葛亮的声东击西之计，令其师出无功。

之后诸葛亮数次挑战，司马懿均坚守不出。蜀军为激怒司马懿，给司马懿送去妇人的服装，魏国将领大怒，纷纷请求出战。司马懿没有强行压下众人的意见，而是以请示皇帝为借口拖延，结果魏明帝曹睿禁止出战。诸葛亮看穿了司马懿的用心，说道："彼本无战情，所以固请战者，以示武于其众耳。将在军，君命有所不受，苟能制吾，岂千里而请战邪！"不久，诸葛亮病故，司马懿不战而胜。

景初二年（238 年），司马懿带兵讨伐叛乱的辽东太守公孙渊，表面对其正面进攻，实则派主力去进攻对方在襄平的大本营。众将不解，司马懿解释道："敌军坚壁高垒，不易攻陷，对方以逸待劳，就是想让我们兵疲粮尽。如今我攻击他们的大本营，他们肯定会出来救援，那时就容易击破对方了。"后来敌军果然出来救援。司马懿三战皆捷，遂乘胜进围襄平。当时天降大雨，水深数尺，魏军大惧，想要迁营。司马懿下令有敢言迁营者斩。都督令史张静违令被斩，魏军军心遂逐渐安定。

此时，公孙渊的军队乘雨出城，打柴牧马。魏军将领请求出击，司马懿不允。有将领问为何当年进攻孟达时行动迅速，如今却如此缓慢。司马懿答道："当年孟达手下士兵人数不多，但粮食储备丰富，而我们士兵人数多粮食少，所以不能与其僵持，应迅速取胜。现在敌方的士兵多，我方的士兵少，而敌人的粮食却

司马懿

比我们的少，天气又不利于作战，更何况我们对敌方的包围尚未完成，如果现在出击的话，敌方就会害怕而逃走，得不偿失。"后来雨水退去，魏军完成包围后发动进攻，将公孙渊平定。

司马懿晚年为夺取政权，于嘉平元年（249 年）趁大

将军曹爽陪魏帝曹芳离开洛阳至高平陵扫墓时，发动政变并控制京都。自此曹魏军权政权落入司马氏手中。

司马懿善谋奇策，多次征伐有功。孙权曾评价他："司马公善用兵，变化若神，所向无前。"

三、陆 逊

陆逊，本名陆议，字伯言，吴郡吴县华亭（今上海市松江区）人，三国时期吴国政治家、军事家。他一生出将入相，被赞为"社稷之臣"。《通鉴辑览》中评价："孙吴人才，周瑜而后，当推陆逊。"

陆逊出身江东大族，少有才名。他认为天下大乱，应招兵买马，扩充实力，所以请求招募士兵，征讨山越。他数次讨伐叛贼，手下逐渐积累上万精兵，初步显露出军事才能。

建安二十四年（219年），关羽北伐樊城。陆逊前去拜见吕蒙，指出关羽盛气凌人，立功后又骄傲自大，对我方没有防备，建议吕蒙抓住机会，进攻关羽。吕蒙亦有此意，遂向孙权大力举荐陆逊，孙权当即拜陆逊为偏将军、右部督以代替吕蒙。

　　陆逊上任后，立即致书关羽。他根据关羽自大的弱点，在书信中对关羽大肆吹捧，而将自己贬得很低。关羽果然对陆逊大为轻视，不加防备。此时，关羽与留守后方的官员发生矛盾。陆逊随即将这个情况向孙权汇报，东吴君臣认为此时正是讨伐关羽的好时机。

　　于是，孙权下令征讨关羽，命吕蒙与陆逊为前部攻克公安、南郡。陆逊水陆并进，长驱直入，相继占领了秭归、枝江、夷道，守住峡口，关羽大军返程的道路已被截断，其后方公安、江陵两地守将已向吴军投降。最终，关羽进退无路，退走麦城，兵败身亡。

　　黄初二年（221年），刘备大举伐吴，次年驻军夷陵，与吴军对峙。蜀军围困驻守夷道的孙桓。孙桓是孙权的同族，吴军的将领都建议增援孙桓，陆逊却有自己的看法。他认为夷道城墙坚固，粮食充足，不会轻易被蜀军攻陷，所以拒不救援。

　　蜀军数次挑战，吴将都急欲出战，陆逊则认为如今蜀军锐气正盛，不宜与之作战，遂坚守不出。此举引起诸将不满，当时的将领多为东吴老将，自恃元老身份，互相之间谁也不服谁。陆逊拿出佩剑按在桌上说道："刘备天下知名，曹操所惮，是我们的强敌。各位身受国恩，应当共同击退敌人，以报国恩。岂能各自为政！我虽是书生，但主上命我统领各位，是因为我能忍辱负重。大家各司其职，不得懈怠！军令有常，不可违犯。"

双方相持半年之后，天气转热。蜀国水军无法长期待在战船上，只得前往陆地避暑，又长期求战不得，逐渐懈怠。蜀军战线太长，补给也发生困难。陆逊认为进攻蜀军的时机已到，于是命令将士每人手持一束稻草，火烧蜀军的营帐，然后封锁长江，将蜀军各部之间的联系切断，蜀军因此伤亡惨重，狼狈逃窜。《三

陆逊火烧连营

国志·吴书·陆逊传》中记载："舟船器械，水步军资，一时略尽，尸骸漂流，塞江而下。"

夷陵大胜后，为防曹魏乘机袭吴，陆逊并未对蜀军大举追击。后来魏军果然发兵攻吴，结果师出无功。陈寿在《三国志》中评价陆逊："刘备天下称雄，一世所惮，陆逊春秋方壮，威名未著，摧而克之，罔不如志。予既奇逊之谋略，又叹权之识才，所以济大事也。"

四、祖 逖

祖逖（tì），字士稚，范阳遒县（今河北涞水）人，东晋时期杰出的军事家。他一生都在为收复中原而呕心沥血，可惜功业未成便去世，令人惋惜。陆九渊将他与诸葛亮相比，曾说："诸葛孔明抱膝长啸，祖逖之闻鸡起舞，虽其功业不能大酬其志，而人皆信其始志之不妄也。"

祖逖出身北地大族，年少时豁达放荡，不修边幅，十四五岁还不读书，他的兄长常常为此忧虑。但祖逖为人轻财重义，常周济穷人，乡里的人都很看重他。成年之后，祖逖才发奋读书，博览经典，终有所成，凡是见过他的人都称赞其为"王佐之才"。

祖逖早年与刘琨为友，两人都以收复中原为己任，后来又做了同僚，常常同床而卧。有一次，祖逖在半夜听到鸡鸣，认为这是上天给予的征兆，催促他奋发上进，于是叫醒刘琨，一起练剑。

建兴元年（313年），祖逖进言北伐，司马睿不便反对，于是任命祖逖为奋威将军、豫州刺史，允许他北伐。但他只给祖逖拨付千余人的粮食，三千匹布帛，并且让他自行招募士兵，就连作战的兵器都要自己打造。祖逖率领部曲百余家渡江北上，船到中流时，祖逖击楫立誓："不能清中原而复济者，有如大江！"众人都感慨叹息。

祖逖渡江后，暂驻淮阴，铸造兵器，招募士兵。当时附近有张平和樊雅两大地方豪强，祖逖派人招降张平未果，于是用离间计令张平属下杀死张平，随后进行招降。此时，樊雅趁夜进攻祖逖。祖逖沉着应战，将其击退，但追讨时遭遇张平余部的迎击。祖逖联络援军，得以脱身，后招降樊雅，占领谯城，在豫州站稳了脚跟，打通了北伐的通道。

太兴二年（319年），豪强陈川叛逃后赵，祖逖出兵征讨。后赵石虎率五万大军救援陈川，被祖逖击败。石虎大肆劫掠一番之后撤退，只留下部将桃豹防守。两军互相对峙四十来天后，祖逖施展计谋，命士兵用布囊盛满土，装作运粮到前线，并故意让敌军看见。随后又令人用扁担挑着粮食赶路，并假装在路旁停下歇息。后赵军果然派人来抢夺粮食，祖逖派去的人丢下粮食就跑。后赵军误以为晋军粮食充足，士气大挫。随后，祖逖又在汴水设伏，夺取了后赵运给桃豹的军粮。桃豹只得退守东燕城。

祖逖生活俭朴，礼贤下士，体恤民情，广施恩信。对于被迫跟随后赵石勒的地方势力，祖逖也理解对方的处境，时常假装派兵攻打他们，避免石勒对他们产生怀疑。这些势力对祖逖十分感激，经常将北方情报告诉祖逖。

随着势力的壮大，祖逖遭到朝廷的猜忌。祖逖后因担心内乱爆发，北伐难成，忧愤成疾，但他仍然带病修缮城池。可惜城池还没有修好，祖逖就去世了。

祖逖虽功业未成，但其"闻鸡起舞"的雄心壮志和"击楫中流"一往无前的爱国精神，千百年来始终激励着后人。他的成就，足以让人赞叹。他的精神，更值得千古颂扬。

五、刘　裕

　　刘裕，字德舆，小名寄奴，彭城（今江苏徐州）人，迁居京口（今江苏镇江），我国东晋至南北朝时期杰出的政治家、改革家、军事家，南朝宋开国君主。《宋书》中记载刘裕："身长七尺六寸，风骨奇特。家贫，有大志，不治廉隅。事继母以孝谨称。"

　　刘裕早年因长期贫穷且赌博至倾家荡产而遭人轻鄙，时人大多不能赏识他。他加入北府军后，成为北府军将领孙无终的司马，经他人推荐参与讨伐孙恩的战役。他作战勇敢，军纪严明，常身先士卒。一次率领数十人侦察敌情时，刘裕遭遇数千敌军，在同伴大多战死的情况下，他"手舞长刀，杀伤甚重"。

　　孙恩北击海盐时，刘裕在海盐县城旧址筑起城池并固守。因城内兵力空虚，刘裕挑选数百人组成敢死队出城，多次击败敌军。后来刘裕鉴于敌众我寡，命人偃旗息鼓，佯装撤退。对方中计，率众追赶，刘裕伏兵尽出，大破敌军。同年六月，孙恩渡海袭击丹徒，聚众数十万，京师震动。刘裕日夜兼程赶至丹徒。在士兵疲惫、敌众我寡、丹徒守军全无斗志的情况下，他率军英勇奋战，击败孙恩。孙恩逃走后，刘裕乘胜追击，三战三捷，俘获敌军数万人。最终孙恩畏惧被擒，投海而死。

其后权臣桓玄废黜晋安帝篡位称帝，大力剿杀北府兵旧将。元兴三年（404年），刘裕以打猎为名，聚集北府兵残余兵将一千七百余人，讨伐桓玄。各地群起响应。刘裕带头冲锋，将士都拼死作战，无不以一当百，其军队势如破竹，桓玄弃城而逃。

义熙五年（409年），南燕慕容超纵兵肆虐淮北，刘裕率兵讨伐。他采纳部下的建议，趁燕军后方空虚之际，派兵袭击对方的城池。慕容超战败，只得逃回广固。刘裕将其围困在广固内城。南燕向后秦求救，后秦派使者威胁刘裕，若不退兵便派大军来攻。刘裕识破后秦的虚张声势，拒绝慕容超割地称藩的提议，并对南燕军队散布援军不至的消息，令城内人心惶惶，终于攻破城池，南燕灭亡。

义熙六年（410年），卢循率十万人进犯。此时刘裕手下士兵多有伤病，建康守军不过数千人。有人提议让天子渡江避难，刘裕坚决反对，并解释说："如今强敌压境，一旦迁动，便自瓦解土崩，就算到了江北，也不过苟延残喘。现在兵士虽少，但可以一战。我应当以死守卫社稷，怎么能远逃草野以求苟活？"于是招募士兵，修治城墙。刘裕预测卢循军动向，拒绝分兵把守的建议，并处死临战后退的官员，亲自擂鼓，率军迎战，终于击溃卢循。之后，刘裕相继平定刘毅叛乱，西征巴蜀，又攻占了荆扬，基本消灭了南方的割据势力，统一南方。

刘裕

义熙十二年（416 年），后秦皇帝病逝，内乱迭起。刘裕认为这是天赐良机，率大军分四路北伐后秦，晋军所过之处，都望风归降。第二年，刘裕亲率大军北上，但却在黄河上岸时遭遇敌军骑兵骚扰。刘裕独创却月阵，采用弧形的方式列阵，用步、骑、车三个兵种协同作战，将弩、槊有机地结合起来，不仅增强了杀伤力，还有力遏制了敌军铁骑的冲击，借此成功登陆黄河北岸，击败敌军，进入洛阳，随后攻入长安。

可惜此时负责留守南方的刘穆之病逝，刘裕只得退兵。义熙十四年（418年），刘裕受九锡殊礼。后派人杀死晋安帝，改立恭帝。元熙二年（420年），刘裕代晋称帝，建立刘宋政权，三年后病逝。王夫之在《读通鉴论》中评价："裕之为功于天下，烈于曹操……然则永嘉以降，仅延中国生人之气者，唯刘氏耳……汉之后，唐之前，唯宋氏犹可以为中国主也。"

第五章

隋唐五代时期的
军事家

一、杨 素

杨素，字处道，弘农华阴（今属陕西）人，隋朝军事家。他曾参加北周灭北齐之役，又辅佐隋灭陈，平定各地叛乱，北击突厥，立下无数战功。唐朝名臣魏徵评价："少而轻侠，傲诞不羁，兼文武之资，包英奇之略，志怀远大，以功名自许。"

杨素少年时就志向远大，不拘小节。他勤奋好学，钻研各种学问，涉猎颇广。

开皇八年（588年）三月，隋文帝下诏列举陈后主罪行，命杨素指挥水军，辅佐杨广攻陈。十二月，杨素率军乘舟自巴东东下三峡，战船行至流头滩时，陈将戚欣率兵抵挡隋军。这里地势险峻，水流湍急，易守难攻，隋军将领们都忧心忡忡。杨素对众人说："胜负大计，在此一举。白天进攻容易被对方发现，况且滩险水急，我们不占优势。"于是定下水陆协同的作战方针，分兵进攻，趁夜突袭敌军。结果陈军大败，主将戚欣逃跑，其部属被俘。杨素将俘获的陈国士兵全部释放，并约束部队，不得骚扰民众，陈国人因此大悦。杨素顺流东下，陈军为了阻拦隋军，将铁索系在两岸的石头上，令其横于江面，以遏制战船。杨素再次水陆合击，进攻陈军在岸上的营地。经过四十余次激战，隋军付出巨大代价，终于攻下陈军营寨，毁掉铁索。接下来杨素利用战船优势，多次击败陈军，控制了长江上游。他继续东下牵制了大批陈军，有力配合了下游隋军

攻占陈国首都建康的军事行动，不久陈灭亡。

　　开皇十年（590年），南方各地爆发反隋叛乱，杨素受命平叛。在攻打高智慧据守的营垒时，他采纳部下来护儿的建议，先让来护儿率奇兵突袭对方巢穴，令对方军心大乱，自己则乘机从正面进攻，一举击败浙江（今钱塘江）东岸的叛军首领高智慧。这时隋文帝认为隋军征战已久，应当稍事休息，于是诏杨素回朝。杨素认为应一鼓作气，将贼寇彻底消灭，以免留下后患，于是上书请求暂缓

返京，继续剿匪。隋文帝同意了他的建议，并在诏书中称赞他"识达古今，经谋长远"。

杨素接着进军泉州，击败叛军王国庆。他派人暗中招降王国庆，并答应对方只要斩杀高智慧，就可以抵消他的罪责。于是，王国庆抓住高智慧并将其交给隋军。杨素将高智慧斩首，其余叛军全部投降，江南自此平定。

开皇十九年（599 年），隋文帝派三路大军讨伐突厥都兰可汗，都兰可汗闻讯与达头可汗结盟。杨素从灵州出发，在灵州以北地区遭遇达头可汗。以往隋军与突厥交战时，都用战车、骑兵、步兵互相配合的战术，并在外围设置障碍，阻拦突厥骑兵。但杨素认为这是防御的方式，并非进攻的战法，下令各军摆开骑兵阵势与突厥交战。

达头可汗闻之大喜，率十余万精骑直扑隋军，却因求胜心切，阵形不整。杨素部下周罗睺率二十轻骑冲阵，杨素指挥大军随后跟进，大败突厥，达头可汗重伤逃跑，其众死伤不可胜数。

杨素治军严整，有违反军令者立刻斩杀，没有任何宽恕和让步。在对阵之前，先令一二百人对敌，若击败对方则可，若是无功而返，就将所有人处斩。然后再令二三百人进攻，规矩与之前一样。所以其麾下将士上阵时均抱着必死之心，因此战无不胜。杨素很受皇帝宠幸，凡是跟随他出征有功的人，他都向皇帝大力举荐，所以虽然其行事残忍，士兵却仍愿为他效力。

　　大业二年（606 年），杨素因病去世。杨素之于隋，可谓一代名将。其平陈、镇压起义、破突厥，"隋功臣无与比肩者"。

二、李 靖

李靖，本名药师，京兆三原（今陕西三原）人，杰出的军事家，唐代"凌烟阁二十四功臣"之一。他为大唐王朝开疆拓土，立下汗马功劳。蔡襄曾评价："李靖用兵，淳风天文，张旭草书，有唐之三绝也。其尊慕若此。"

李靖少年时即有文才武略。他志向远大，曾对亲人说："大丈夫如果遇到贤明的君主和恰当的时机，一定要建功立业，博取富贵。"隋朝名将韩擒虎是李靖的舅父，每次与他谈论兵事，都拍手称绝，并说："可与之讨论孙武、吴起之术的人，只有你啊！"隋朝名将杨素也十分看重李靖，曾抚着自己的坐床说："你最终也会坐上这个位子的！"

唐武德三年（620 年），李靖率军进攻萧铣，途中遇到蛮人叛乱。李靖率八百人进攻蛮人的营地，后又设伏斩杀蛮军首领，并俘获五千多人，受到唐皇李渊的嘉奖。

武德四年（621年），李靖上陈灭萧铣十策，被任命为行军总管，"三军之任，一以委靖"。李靖带兵进攻江陵，此时正值雨季，江水暴涨，麾下将领建议待水位下降之后再进兵。李靖说道："兵贵神速，机不可失。要趁对方没有防备，以迅雷不及掩耳之势将其击溃，才是兵家上策。"于是率战舰顺流东进，对方果然没有防备，唐军连破荆门、宜都二镇，并乘胜进兵至夷陵。

李靖

此时，萧铣援兵赶到。李靖认为对方锐气正盛，不宜与之作战，李孝恭不听，最后大败。李靖趁对方劫掠之际出兵，击溃敌军，敌军被杀及溺水而死者将近一万人。之后，李靖率五千先锋赶至江陵。在攻克江陵外城后，李靖并未将缴获的战船收为己用，而是将其顺流漂下。江南的援兵看见空船，以为江陵城已破，于是不敢进兵；而萧铣见援兵不至，只得投降。李靖拒绝了抄没降将家产的建议，秋毫无犯，于是萧铣的部下纷纷归降。

武德六年（623 年），李靖出征讨伐叛唐的辅公祏。当时敌方派大将冯惠亮、陈正通领兵防守，其壁垒坚固难攻，有人提议绕到后方，攻击其本营。李靖则认为其本营亦难以攻陷，如果攻势不顺，将会遭到对方前后夹击。应集中兵力攻打冯惠亮、陈正通的城栅。这样出其不意，可以消灭他们。于是李靖率军苦战，终于攻下对方壁垒，冯惠亮逃走。李靖又率轻骑兵来到丹阳，辅公祏望风而逃，最终被擒获。高祖李渊闻讯大喜，赞道："李靖是萧铣、辅公祏的心腹大患，就是古代的名将韩信、白起、卫青、霍去病也比不过他！"

贞观四年（630 年），李靖率领三千骑兵，冒着严寒，突袭东突厥，俘获了隋齐王之子及原隋萧皇后，颉利可汗只身逃走。唐太宗称赞李靖的功劳"威振北狄，古今所未有"。此后颉利虽表示归附，但仍犹疑未定，唐朝派使者去抚慰。李靖趁唐朝使者到来，颉利放松戒备之际，连夜带兵突袭突厥营帐，杀敌一万余人，俘虏十几万，缴获牛羊数十万头，并擒获颉利之子叠罗施，杀死隋义成公主。东突厥从此灭亡。

自北朝以来，突厥一直是中原大患。李靖灭亡东突厥，不仅解除了西北边境的祸患，更代表着中原与草原民族的攻守异势，代表着大唐盛世的到来。

　　贞观九年（635 年），吐谷浑来犯，年逾花甲的李靖主动请求领兵出征。唐军在库山与吐谷浑交战，大败吐谷浑，首战告捷。但对方军队在撤退时烧掉野草，令唐军战马乏食。此时有人提议撤兵，李靖采纳侯君集的建议，认为应趁对方虚弱时将其彻底击溃，免留后患。于是唐军冒着风雪严寒，继续进兵，终将吐谷浑彻底击溃。

　　李靖文武双全，他重视战前的准备，强调谋定而后动，认为战争的攻守相互转化，并无定式，将领用兵要奇正结合，著有《六军镜》《卫公兵法》等多部兵书，但多已失传。

三、李 勣

　　李勣（jì），原名徐世勣，字懋功，曹州离狐（今山东菏泽）人，降唐后被赐姓李，后避唐太宗李世民讳，改名李勣。唐朝初年名将，与卫国公李靖齐名，为"凌烟阁二十四功臣"之一。唐太宗曾评价："当今名将，唯李勣、道宗、万彻三人。"

　　李勣出身富贵之家，好救济贫困，十七岁加入瓦岗军。隋朝名将张须陀讨伐瓦岗军时，首领翟让想要逃走，李勣认为张须陀勇而无谋，大胜之后又骄傲轻敌，可一战擒获。于是诱敌深入，以伏兵击杀张须陀。后来山东、河南发大水，饥民遍野，李勣带兵夺取黎阳粮仓，赈济民众，一举为瓦岗军招募士兵二十多万人。

　　在归降唐朝之后，李勣先后跟随李世民平定宋金刚、王世充、窦建德、刘黑闼、徐圆朗，又跟随李孝恭和李靖进攻辅公祏，为唐朝江山稳定立下无数战功。后李勣随李靖出征东突厥，并将突厥打得溃不成军。颉利可汗表示归附，但李勣认为颉利虽败，但人众尚多，如果任其离去，那么再追上他就很难了，应趁机将其一举击溃。李靖采纳他的建议，于是两人连夜进发，大败突厥。李勣在俘获五万多人后顺利回师。后来镇守并州，唐太宗李世民称赞他："我委任李勣为并州大都督府长史，使得突厥畏威遁走，塞垣安静，这不远胜筑长城吗？"

贞观十五年（641年），薛延陀侵扰边境。李勣率三千精骑与薛延陀在诺真水大战，斩首三千余级，获马一万五千匹，薛延陀的儿子独身逃走。

贞观十九年（645年），李世民亲征高句丽。李勣表面上从柳城向怀远镇进军，暗中却派部队北上甬道，出其不意，进攻高句丽。他与李道宗攻陷盖牟城，

李勣

俘获百姓两万多口、粮食十多万石。后进至辽东城下，高句丽遣四万步骑来救。李道宗认为对方远来疲敝，愿率四千精骑迎击。众将都认为不可行，唯独李勣赞同，结果李勣与李道宗合力大败高句丽军，斩首千余级。李世民与

李勣会师后，攻陷辽东城，斩杀万余人，俘虏万余人，百姓四万口。

乾封元年（666 年），高句丽内乱，请求唐朝发兵相助。唐高宗任命李勣为辽东道行军大总管兼安抚大使，出击高句丽。第二年，李勣首先攻克高句丽西部要塞新城，之后连克十六城，后在薛贺水与高句丽五万人交战，斩获三万余人，然后乘胜攻克大行城，与诸军会合。李勣率唐军进至鸭绿栅，击破高句丽军，并追击二百余里，攻陷辰夷城，随后攻克平壤。此战，唐朝共获五部、一百七十六座城、六十九万多户，将其划分九个都督府、四十二州、一百县，设安东都护府统管高句丽旧地。

李勣一生征战无数，他善于谋划，能够随机应变，且知人善任。蔡东藩认为他是可以统率将领的人才，在《唐史演义》中评价："李勣，将将材也……李勣之为统帅，知人善任，始则留为巡徼，继则任其进攻，终则自行应援，不掣肘，不惎能，然后仁贵得以建立巨功，扬名千古，乃知李勣固一将将材也。"

四、裴行俭

裴行俭，字守约，绛州闻喜（今山西闻喜东北）人，唐朝初年军事家、政治家、书法家。他出自河东裴氏，曾防御吐蕃，并先后击败西突厥和东突厥，为稳定唐朝的边关发挥了重要作用。明末彭孙贻在《茗香堂史论》中称赞他："知人善行，雅量藻鉴，凡所赏技皆为名将。"

裴行俭少年时曾参加科举考试并中选，被任命为参军。当时的名将苏定方十分看重他，说自己的用兵之道除了裴行俭之外无人可以传授。裴行俭于是跟随苏定方学习兵法。

调露元年（679 年），突厥十姓可汗阿史那都支以及李遮匐与吐蕃结盟，骚扰边境，朝臣建议征讨。裴行俭鉴于唐朝之前与吐蕃交战失利，认为不可力战，应当智取，如今波斯王过世，最好以送波斯王子回国的名义经过吐蕃和突厥的领地，然后见机行事。唐高宗于是任命裴行俭为安抚使，护送波斯王子。

　　唐军在穿越沙漠时迷路，将士饥乏。裴行俭命令停止行军，举行祭祀，之后告诉众人："水泉就在前方不远处。"于是军心稍安，众人继续前行，果然发现前方有茂盛的水草。到达西州之后，西域藩属国相继来朝见。裴行俭在当地挑选了千余名豪杰之士，并扬言天气炎热不方便行进，先在当地驻军，等到秋季再前行。阿史那都支侦探到这个情报，便没有设防。

　　裴行俭假装邀请当地各族酋长打猎，暗地里却带兵悄悄接近阿史那都支的营地并将其擒获，之后将李遮匐逼降，然后将二人押至长安。唐高宗亲自设宴犒劳裴行俭，并称赞他带领军队不远万里，兵不血刃捉拿叛党头目，可谓文武全才。

裴行俭与苏定方

　　同年，突厥首领阿史德温傅、阿史那奉职二部落相继反唐，立阿史那泥熟匐为可汗。单于都护府所管辖的二十四州都反叛响应他，叛军有几十万人。裴行俭受命带领三十多万人马，对其进行讨伐。《旧唐书》称叹："唐世出师之盛，未之有也。"

此前唐军运粮时经常被突厥劫掠，军士饥饿而死。于是裴行俭命人用三百辆车假装运粮，实际里面藏着唐军士兵，又让瘦弱的士兵来赶车，还暗中派军队在后面跟随。突厥果然劫走粮车。在突厥兵中途下马休息时，车中埋伏的士兵杀出，与尾随的唐军一起，将突厥兵消灭。从此突厥再也不敢来劫粮。

唐军傍晚安营驻扎好后，裴行俭又命令士兵将阵地转移到高岗上。众将不明所以，均说："士兵劳累，不宜轻动。"裴行俭仍坚持转移。结果当夜突降大雨，原来扎营的地方积了一丈多深的水，众将无不惊叹。

裴行俭数次与突厥军交战均获胜，阿史那泥熟匐被部下杀死，阿史那奉职被活捉，突厥残部逃亡。裴行俭暂时回朝。第二年，他再次出征，用离间计令突厥首领互相猜疑，最终对方不战而降。

然而，朝中有大臣妒忌裴行俭，不顾裴行俭与突厥人的约定，劝唐高宗将投降的突厥首领阿史那伏念及阿史德温傅处死。裴行俭叹息说："只怕杀掉降将以后就没有再愿归顺的人了！"他以生病为由，不再在众人面前出现。

裴行俭曾作营阵、部伍、料胜负、别器能等四十六诀，可惜未能流传后世。清代学者朱轼在《史传三编》中评价他："才兼文武，有人伦之鉴，其器量亦不可及……行俭用兵，以谋略见奇，不以血刃著绩，儒将风期，尤其可传者也。"

五、郭子仪

　　郭子仪，华州郑县（今陕西渭南市华州区）人，唐代中兴名将、政治家、军事家，在平定安史之乱的过程中，发挥了重要作用。欧阳修在《新唐书》中称他"以身为天下安危者二十年""再造王室，勋高一代"。

　　郭子仪早年曾参加武举，累迁单于都护府副都护、安西副都户、朔方节度右厢兵马使等，后因母丧，去职守孝。安史之乱中，他被夺情重新起用。他收复静边军，斩杀叛将周万顷，击败高秀岩，收复云中、马邑，开通东陉关；与李光弼一起在河北击溃史思明数万军队，擒贼四千，获兵仗数万。

　　郭子仪率军回常山后，安禄山派兵增援史思明。郭子仪说道："对方人数众多，必然轻视我们，这样军心就会不稳，必定会被我们击败。"他在开战后亲自斩杀敌方一名步将，唐军士气大振，士兵殊死搏斗，最后击破敌人，斩首二千级，俘虏五百人。郭子仪昼夜进攻，敌军不得休息，士气更加衰弱，在嘉山再度落败，唐军斩敌首四万级。

至德二年（757年），郭子仪跟随广平王李俶收复长安，随后在陕州与安庆绪部下十万余众大战。郭子仪指挥唐军从前后两路夹攻叛军，在李嗣业的帮助下大破敌军，收复东都，之后河东、河西、河南州县都被平定。

广德元年（763年），吐蕃入侵河西，占据长安。当时太监程元振当权执政，诸将离心，或叛或降，或隔岸观火。郭子仪带着三千军士赶至商州，收拢残兵，安抚官吏，重整军势。众人听说郭子仪到来，均表示服从指挥。郭子仪流着眼泪晓谕将士：共雪国耻，收复长安。众人都感激效命。郭子仪派羽林大将军长孙全绪率两百骑兵前去查探敌人的情况。长孙全绪等人到了韩公堆，白天击鼓大张旗帜，晚上则放火，使吐蕃起疑。之前，光禄卿殷仲卿在蓝田募兵近千人以保蓝田。他与长孙全绪相互配合，并率两百骑兵直接渡过浐水。吐蕃大惧，打听唐军的情况，百姓欺骗他们说："郭令公自商州将大军不知其数至矣！"吐蕃于是撤退，郭子仪趁势收复长安。

广德二年（764年），仆固怀恩反叛，引诱吐蕃、回纥、党项入侵唐朝。郭子仪向唐代宗建言说："仆固怀恩这个人虽然勇猛，但他的军队胡作非为，百姓都不支持他们。况且他手下的军士曾与我共同作战，必不忍心与我为敌。"敌军到达奉州时，众将请求出战，郭子仪说："敌人远来，速战对他们有利，所以不可与他们争锋。其部卒曾受我恩惠，要是不与他们交战，他们肯定会退却；若与他们交战，胜负就不知道了。敢说交战者斩！"于是坚壁防守，敌军果然不战而退。

次年郭子仪驻守泾阳，回纥兵看见他时，惊呼："郭令公还活着吗？仆固怀恩欺骗我们说唐朝天子已死，郭令公也已去世，我们才入侵。"郭子仪派人以大义相责，回纥的首领提出与郭子仪面谈，众人都劝郭子仪不可相见。郭子仪说："回纥兵力是我们的几十倍，如今不能力敌，只能用诚意打动对方。"于是脱掉

甲胄，仅带几十名骑兵，出城与回纥首领相见。郭子仪与对方重叙旧情，说服回纥助唐攻击吐蕃。

吐蕃见回纥与唐暗中往来，心生怀疑，于是撤军。郭

子仪带兵与回纥共同追击，破吐蕃十万大军于灵武台西原，斩敌首级五万，俘虏万人。

郭子仪虽功高盖世，但为人谦虚，从不居功自傲。他曾为平定安史之乱，与李光弼尽释前嫌；也为顾全大局，与权宦鱼朝恩虚与委蛇。他不仅善于谋国，亦善于谋身，后人评价他"权倾天下而朝不忌，功盖一代而主不疑，侈穷人欲而君子不罪"，世所罕见。

六、王忠嗣

王忠嗣，初名王训，太原祁县（今山西祁县东南）人，唐朝名将，曾向唐玄宗上《平戎十八策》。《全唐文》中收录其一篇《平定诸蕃奏》。

王忠嗣为人勇猛刚毅，寡言少语，有武略，因擅长兵法得到唐玄宗的器重。唐玄宗曾评价他："后日尔为良将。"并任命他为代州别驾，以考验他的才能。王忠嗣到任后，当地豪强纷纷收敛行迹，不敢再触犯律法，有的甚至还将大门关了起来，以防家人外出作乱。

开元二十一年（733 年），王忠嗣主动请求跟随萧嵩进攻吐蕃。他带兵偷袭敌军时，正好遇上吐蕃的士兵在训练。有人建议王忠嗣撤退，他非但没有听从，还对敌军发起进攻。他带头冲入敌阵，斩杀数千人，并缴获大量羊马牲畜。后来吐蕃派大军进攻唐朝，唐军见对方人多势众，十分恐惧。王忠嗣再次带头冲杀，杀死敌方数百人。敌军大乱，唐军趁机从两翼进攻，大败吐蕃军队。

天宝元年（742年），王忠嗣领兵北伐奚人和突厥。他率军在桑干河与奚人首领怒皆大战，三战三捷，俘获大量人马。随后施展反间计，离间突厥各部，击败乌苏米施可汗，夺其右厢。第二年，王忠嗣再次击败怒皆及突厥的军队，从此塞外安定，突厥不敢来犯。

王忠嗣少年时以勇敢自负，后来身居要职，则以安定边防为第一要务。他曾对人说："国家升平之时，为将者在抚其众而已。吾不欲疲中国之力，以徼功名耳。"在注重安抚民众的同时，他还重视保持唐军的战斗力。王忠嗣常派间谍观察敌军弱点，然后以奇兵偷袭敌军，因此每次出师都获得胜利。他军纪严明，军中的弓箭上都刻有使用者的名字，若有遗失，按军律治罪。

唐玄宗想要进攻吐蕃重兵防守的石堡城，于是向王忠嗣征询意见。王忠嗣认为若勉强攻打，唐军必遭大损，石堡城又得之无用，不如静待时机。唐玄宗听后很不高兴。

天宝六年（747 年），将军董延光献计请求攻打时，唐玄宗还是命令王忠嗣接应攻打石堡城的军队。王忠嗣勉强听从。

李光弼担心他作战不利，会被降罪。王忠嗣道："我平生的愿望，难道只是为了求得富贵吗？如今争夺石堡城，得到了也不能遏制敌人，得不到也对国家无害，我岂能拿数万人的性命去换一个官职？就算因此被降罪，也心甘情愿。"李光弼大为佩服，说道："你能行古人之事，不是我所能比得上的。"

后来董延光进攻石堡城不利，果然将罪责推给王忠嗣。唐玄宗大怒，幸得哥舒翰求情，才消减怒气，将王忠嗣贬为汉阳太守。两年后，王忠嗣暴卒。

宋祁在《旧唐书》中评价："以忠嗣之才，战必破，攻必克，策石堡之得不当所亡，高马直以空虏资，论禄山乱有萌，可谓深谋矣。然不能自免于谗，卒死放地。自古忠贤，工谋于国则拙于身，多矣，可胜吒哉！"

七、李光弼

李光弼，营州柳城（今辽宁朝阳市）人，契丹族，唐朝中期名将。他足智多谋，善于以少胜多，出奇制胜，是平定安史之乱的主将之一，与郭子仪齐名。《新唐书》中评价他："战功推为中兴第一。"

李光弼少年时行事稳重，善骑射，能读班固《汉书》。后来参加军旅，有勇有谋。当时的朔方节度使王忠嗣十分看重他，曾说："它日得我兵者，光弼也。"

安史之乱爆发后，李光弼带领五千军士会同郭子仪军东救常山。他安抚百姓，招降史思义，并采纳其建议据城固守。史思明率二万人来攻，李光弼以劲弩将其射退，并趁敌方援军吃饭时领兵突袭，援军几乎全军覆没。史思明大惧撤退。李光弼随后攻取赵郡。攻城之后，士卒多有抢掠，李光弼知道后，将士兵抢掠的东西归还百姓，城中的人非常高兴。

　　至德二年（757年），史思明率领十万叛军攻打太原。此时李光弼麾下只有不到一万的兵力，众人建议加固城墙进行防守。李光弼则说："城环四十里，敌人到了才开始修城墙，只会让自己更疲惫。"他拆掉民屋做投石车，并挖地道袭击对方的大营。史思明大惧，下令后撤。李光弼趁机鼓噪追赶，俘虏、斩杀叛军一万多人。史思明留蔡希德攻太原，李光弼率领死士与敌军作战，斩首七万级，并缴获大批器械。

　　太原之战是平定安史之乱的第一次重大胜利和重要转折点，也是以少胜多、以弱胜强的典型战例，为后来胜利收复两京奠定了基础。

　　乾元二年（759年），史思明西攻郑州。李光弼行至洛阳后，问将领们退敌之法。留守韦陟建议退守潼关。李光弼认为两敌相当，贵进忌退，如今退却五百里是助长敌人的声势，不如移军河阳，这样北连泽潞，有利则进攻，不利则退守，表里相应，让敌军不敢西侵。于是李光弼下令官民撤离。史思明进入洛阳后得到的只是空城，他怕李光弼截断后路，只得退屯白马寺南，后于河阳城南筑城。史思明为显示自己兵马充足，每天让战马在河中沐浴。李光弼则放出城内的母马，将史思明的战马引到己方城内。

　　李光弼料定史思明必除自己而后快。史思明果然派出麾下骁将李日越捉拿李光弼。李日越带领五百骑兵来到唐军栅栏前，被告知李光弼已于昨夜离去，他知道抓不到李光弼，回去必会被史思明治罪，于是投降。

　　后来，敌军大举攻城。李光弼将匕首放在靴子里，并对众人说道："打仗，是危险的事。我位列三公，不可死于敌人之手。如果作战不利，诸位战死沙场，我将随后自尽，不让诸位孤独而亡。"诸将出战，李光弼则在城上督战，看见有将领后退，就命人斩之。于是唐军将领争相上前决战，对方抵挡不住，一溃千里。

李光弼

　　李光弼征战多年，终于平定安史之乱，但被宦官陷害，不敢入朝，忧郁成疾，最终病逝。他治军严谨，谋定后动，北宋张唐英在《历代名贤确论》中评价他："有大功于社稷。"

第六章

宋元时期的
军事家

一、曹　彬

曹彬，字国华，真定灵寿（今属河北）人，北宋开国名将。他在军事、政治上均取得很大成绩，尤其善于在战争中收拢民心，被后人誉为"宋良将第一""善取江南第一人"，历宋太祖、宋太宗、宋真宗三朝，死后谥号武惠。

曹彬出生于五代乱世，他的父亲曹芸曾任后汉成德军节度都知兵马使，他的姨妈嫁给了郭威，因此当郭威自立为帝创立后周之后，曹彬也就成了后周的皇亲国戚。

虽然贵为皇亲国戚，但曹彬为人正直，并没有因为自己的身份而骄傲自大，接人待物反而更加持重。成德军节度使武行德曾夸奖他说："这人是有远大志向的，绝不是碌碌无为之辈。"

后周时，赵匡胤深受后周世宗信任，被任命为殿前都点检，是皇帝身边实打实的大红人，当时很多文武官员都想与赵匡胤搭上关系，曹彬却廉洁自守，不是公事从不登门拜访。

有一次赵匡胤酒瘾犯了，找了两个小兵去向当时负责茶叶、酒类监控的供奉官曹彬要酒喝，谁知却被曹彬拒绝了。曹彬回复说："这是公家的酒，不能给你们。赵将军想喝，我可以私底下请他喝。"两个小兵只好灰溜溜地回去禀告赵匡胤。此事虽然不了了之，但赵匡胤却一直耿耿于怀。

后来赵匡胤黄袍加身创立了宋朝，成为皇帝的赵匡胤便找来曹彬询问当初这件事，曹彬开口便说："我在周朝是皇亲，又担任着宫内的职位，能够把职责做好就不错了，怎么敢私下与身为武将的您结交呢？"赵匡胤一听，意识到曹彬是难得的懂得在仕途中持中守正的人，因此反而更加看重曹彬了。

天下局势，分久必合，北宋统一天下的战车开动了，而曹彬也因缘际会，成了统一天下战争的重要参与者。

乾德二年（964年），赵匡胤下诏攻伐后蜀，曹彬也参加了战争。当时宋军军纪不佳，军队每攻下一座城池，将士们都会对城里百姓进行劫掠，这使得后蜀百姓苦不堪言。所以虽然宋军在短期内灭亡了后蜀，却极不得民心。

　　然而在乱兵中，曹彬却一直能够控制部下，不许士兵进城抢夺财物，且每攻下一座城都会安排士兵妥善安顿城中老幼病残，保护城中百姓财产，因此获得了后蜀百姓的认可。

　　宋军回朝后，赵匡胤将所有将领都治了罪，唯独奖赏了曹彬。但面对奖赏，曹彬却拒绝了，他说："这次出征的将士都被治罪了，只有我受了赏赐，这会寒了将士们的心。"由此可见曹彬虽然能征善战，但生性耿直善良，更难得的是能够团结同袍。

　　两年后，曹彬又参与了征讨北汉的战争，在战争中表现出色，职位也一路升迁。

　　开宝七年（974 年），北宋征伐南唐，曹彬被任命为西南路行营马步军战舰都部署，成了宋军实际上的统帅之一。在此之前，南唐后主李煜几次向北宋呈递国书，以金银财帛乞求停战，都被赵匡胤以"卧榻之侧，岂容他人鼾睡"为由拒绝了。然而曹彬却意识到，南唐实际上不想打这一仗，既然如此，曹彬就希望为百姓免去这一场刀兵之苦。

当时，北宋大军兵临南唐都城江宁，曹彬几次要求军队放缓进攻，就是希望李煜能够主动归降。此后，就在江宁即将被攻克的时候，曹彬忽然称病，并在将领们前来探病时说道："我的病是药石治不好的，只有请诸位诚心立誓，在攻克江宁之后不妄杀一人，我才会痊愈。"诸位将领答应下来并一起焚香立誓。曹彬用自己的方式为江宁百姓免去了一场刀兵之苦。

在北宋的军事和政治压力下，吴越国及北汉也紧随南唐之后，献土归降，宋朝基本实现了统一中原的计划，然而在北方还有一个游牧民族契丹威胁着宋朝的安全，尤其是幽云十六州在契丹手中，让北宋失去了赖以自保的北方屏障。

雍熙三年（986 年），宋太宗赵光义命曹彬为主帅北伐契丹，然而一则契丹当时的军力远胜于宋军，二则曹彬长期在南方作战并不是攻打契丹的最佳人选，最终在多重因素的影响下，北宋军队在岐沟关之战中大败。曹彬这一战英名尽毁，是他一生都挥之不去的愤懑与悲痛。

但即便如此，曹彬仍然是北宋初期首屈一指的军事将领，在北宋统一的过程中立下了汗马功劳。尤其是他宽厚仁爱的品德、不妄杀无辜的行为，历来被视为仁义之将的典范。南宋学者黄震评价他："下江南、蜀、广、湖南四国，未尝杀一不辜……平生愉愉廉谨，接小吏未尝以名呼，虽蛰虫不忍伤其生。而能奖率三军，令行禁止，仁者之勇夫。"元世祖忽必烈更称赞他："古之善取江南者，唯曹彬一人。"

二、狄　青

狄青，字汉臣，汾州西河（今山西汾阳）人，北宋名将。曾击退西夏进攻，平定广源州蛮侬智高叛乱。欧阳修评价："臣伏见兵兴以来，所得边将，惟狄青、种世衡二人，其忠勇材武，不可与张亢、滕宗谅一例待之。"

狄青出身寒门，曾因与乡人纷争入狱，所以脸上留有刺青，发配充军。他因善于骑射，而很快在军中脱颖而出。宝元初年（1038 年），西夏李元昊攻宋，前线宋军多次战败，士气低落。狄青在安远一战中身受重伤，但听闻西夏兵至，立即起身奔赴战场，士兵皆争相效力。《宋史》中记载他"临敌被发，带铜面具，出入贼中，皆披靡莫敢当"。

狄青在四年间经历大小二十五战，八次身中流矢。他攻破金汤城，夺取宥州，屠杀隆密、岁香、毛奴、尚罗、

庆七、家口等部族，焚烧敌军积聚的粮食数万石，又在要
塞之地筑城防守。

当时任经略判官的尹洙曾与
狄青谈论兵法，对他的才能大为
赞赏，于是将他推荐给经略使韩
琦和范仲淹，并说："这是良将
之材。"韩琦、范仲淹也很看重
狄青，范仲淹曾以《左氏春秋》
授予狄青，说："将帅不知古今，
只能是匹夫之勇。"狄青于是开
始虚心读书，通晓了秦汉以来名
将的作战方法。

皇祐四年（1052 年），广源州蛮侬智高反叛。狄青主
动请求出征，他说："我出身军队，除了率军作战以外没有
别的报效国家的方式。希望能让我带领外族部落中的数百
骑，再加上一些禁军，我愿去斩下对方的人头献给官家。"
宋仁宗佩服他的豪勇，亲自为他饯行。之前宋军数次战
败，士气大损，狄青在途中下令不得随意出战，但仍有将
领趁狄青未到，擅自出战，结果大败。狄青说："号令不
一，是部队失败的原因。"于是斩杀了三十个怯战的军官，
在场的主将吓得两腿发抖。

在整顿好军队后，狄青出其不意，迅速占领昆仑关，随后与敌军大战。在前锋战死的情况下，狄青手持白色的令旗从容指挥手下骑兵，令其从两翼偷袭敌军，最终将敌军击败，连续追杀叛军五十余里，斩杀了敌军几千人，活捉了五百多人。侬智高借放火烧城的机会逃走。

侬智高叛乱刚起时，交趾请求出兵帮助朝廷讨伐，宋廷同意并为其准备了粮草和赏钱。狄青到前线后，禁止交趾出兵，并上书说："且假兵于外以除内寇，非我利也。以一智高而横蹂二广，力不能讨，乃假兵蛮夷，蛮夷贪得忘义，因而启乱，何以御之？请罢交趾助兵。"朝廷同意，叛军被平定后，人们都佩服他有远略。

沈括在《梦溪笔谈》中总结狄青的用兵风格说："青之用兵，主胜而已。不求奇功，故未尝大败。计功最多，卒为名将……临利而能戒，乃青之过人处也。"

三、岳飞

　　岳飞，字鹏举，相州汤阴（今河南汤阴县）人，南宋时期军事家、战略家，民族英雄，位列南宋"中兴四将"之首。他四次从军，四次北伐，最后却遭奸臣陷害，被宋廷冤杀。《宋史》感叹："高宗忍自弃其中原，故忍杀飞，呜呼冤哉！呜呼冤哉！"

　　岳飞少年时负气节，沉默寡言，性格刚直，天资聪颖，博闻强记，书传无所不读，尤好《左氏春秋》及孙吴兵法，常通宵读书。他还擅长射箭，可以左右开弓，后来还将箭术传授给士兵，所以他麾下的士兵都精通箭术。岳飞曾跟随陈广学习武艺，一县之中，无人可敌。

　　弱冠之后，岳飞先后四次从军，两度跟随宗泽抗击金军，还曾因上书收复中原被革除军职。他曾与宗泽谈论兵法，说道："摆好阵势再出战是用兵作战的常规战法，而将其运用得是否巧妙灵活，全在用心思考。"宗泽对其大为赞许。

宗泽死后，东京留守杜充降金，岳飞独自转战后方。他招募流散的士卒，杀死想要投降的将领，慷慨陈词。众人感动地流下眼泪，说："我们唯您的命令是从！"岳飞领军转战广德境中，六战皆捷。当时粮食匮乏，岳飞与士卒最下者同食，其军队纪律严明，宁愿挨饿，也不劫掠百姓。当时各处士兵争来降附，前后计万余人。

建炎三年（1129 年），金军向南进犯，一路烧杀抢掠。金军在占领建康府后继续追赶逃走的宋高宗。金兵四处搜寻后没有找到宋高宗，于是撤退，经过常州时，岳飞率军截击，四战皆捷，擒女真万户少主孛堇等人，并一直尾随袭击至镇江之东。常州之战后，朝廷诏令岳飞收复建康。他在牛头山设计派人混入金军营中，令其自相残杀，后以骑兵三百人、步兵二千人，突袭金兵，大破兀术，并收复建康。此战中岳家军斩敌首

三千，降者千余人，并擒获万户、千户军官二十多名，这
也是岳家军取得的首次辉煌胜利。

绍兴四年（1134 年），岳飞提出收复陷于伪齐政权的
襄汉六郡，得朝廷许可，进行第一次北伐。在乘船渡江北
上时，岳飞情绪昂扬地对幕僚说："如果不擒下敌军主帅，
收复北方失地，就不渡江返回！"岳飞五日抵郢州城下，
六日攻破郢州城，斩敌七千余人。在进攻郢州城时，有一
块炮石打到岳飞所在的指挥所，左右之人都惊恐地躲避，
唯独岳飞纹丝不动。收复郢州后，岳飞遣将进攻随州，自
己则直趋襄阳。敌军守将闻风而逃。岳飞兵不血刃收复襄
阳，随后又击溃敌人数万援军。这是南宋进行局部反攻的
一次重大胜利。

绍兴六年（1136 年），岳飞为母守孝时被宋廷征召，
开始第二次北伐。虽接连取胜，但宋廷对此态度冷淡，岳
家军终因孤军深入，粮草难以接济，被迫收兵回鄂州。同
年九月，伪齐数十万大军进攻淮西，岳飞目疾未愈便被朝
廷征召，开始第三次北伐。他率军成功击退敌军，却因张
俊用人不当，导致淮西兵变。宋廷不顾韩世忠、岳飞反
对，与金军议和。

绍兴九年（1139 年），金兵再次南下，东京副留守刘
锜在顺昌被金兵围困，宋廷只得起用岳飞、韩世忠，并命

岳飞支援刘锜。岳飞尚未赶至，刘锜就大败金军。此时朝廷诏令岳飞班师，岳飞向宋廷派来的使者陈述自己北伐的方略，在得到使者的支持后，继续北伐。在北方义军的支持下，迅速收复失地，并在郾城数次大败金军。在金将完颜兀术准备撤退之际，朝廷一日内用十二道金牌诏岳飞班师。岳飞愤惋泣下，感叹："十年之力，废于一旦！"

绍兴十一年（1141年），岳飞、韩世忠、刘锜等人相继被调离军队。之后岳飞遭到陷害，被投入狱中。韩世忠为岳飞不平，前去质问秦桧，秦桧回答："岳飞的儿子岳云给张宪的信虽然不是很清楚，但其事大体是莫须有。"韩世忠愤然说道："'莫须有'三字，何以服天下？"岳飞终被朝廷杀害。

四、孟　珙

　　孟珙，字璞玉，随州枣阳（今湖北枣阳）人，原籍绛州（今山西新绛），南宋中后期军事家。宋蒙战争爆发后，孟珙以一人之力统御南宋三分之二战线上的战事，因其在抵抗蒙古军时的杰出表现，被后世军史家称为"机动防御大师"。

　　孟珙出身于南宋军事世家，他的祖父和曾祖父都是岳飞的部将，父亲孟宗政曾在开禧北伐中立下战功，是镇守襄阳的将领。孟珙完美地继承了家中的军事基因，而且年幼时就被父亲带到军中历练，因此练就了高超的武艺，并逐渐掌握了领兵打仗的军事技能，尤其是对战场形势的观察异常敏锐。

　　嘉定十年（1217 年），金军进犯襄阳，孟家父子被朝廷派去防御。孟珙认为金人必定会进攻樊城，因而向父亲献策由罗家渡过河截击金军。父亲听从了孟珙的建议，率军在罗家渡严阵以待，后来金军果然来了，宋军趁金军半渡之时发起进攻，消灭了大量的金军，孟珙也因此在军中崭露头角。

后来金人被蒙古军攻打，金哀宗为了躲避锋芒，于绍定六年（1233年）迁都蔡州，此时，金军统帅武仙想夺取南宋的四川作为落脚之处，于是便派手下进攻宋军，企图打开入蜀通道。孟珙领命率军迎击，与金军大战，首战就获得了大捷。

虽然这一仗打赢了，但金军的主力还在南宋境内，好在孟珙早已预料到金军的行军路线，提前在吕堰设伏，再一次大获全胜。敌军降将为孟珙提供了金军驻军的情报，孟珙根据情报再一次推测出金军下一步的行动路线，提前制订好伏击计划，最终于岵山大败金军名将武仙，至此，金朝想要打开入蜀通道的计

划彻底失败。由此一役可见孟珙既有拔山盖世的英勇，也有洞察秋毫的机敏，战场局势瞬息万变，但一切尽在他的掌控之中。

端平二年（1235年），蒙古在川蜀、荆襄发动了对南宋的全面进攻。蒙古大军先后攻占南宋襄阳、随州等地，战略要地江陵万分危急。关键时刻，孟珙奉命救援。当时蒙古军正在编造木筏，准备渡江。孟珙故布疑阵，虚张声势，白天下令军队变换旗帜和军装颜色，夜里沿江燃起火炬，绵延数十里，搞得蒙古军直犯迷糊。孟珙则趁乱出击，对蒙古军发动袭击，连破二十四寨，火烧蒙古军战船木筏两千多只，夺回被俘军民两万多人，蒙古渡长江南进的计划破产。

嘉熙元年（1237年）十月，蒙古军主力进攻黄州，再次兵临长江。孟珙率军前去救援，沿水路冲破蒙古军的阻拦，直入黄州城内。他整顿士气，亲自指挥防守，化解了蒙古军各式各样的攻城战术。不仅如此，孟珙还采取机动防御战术，敢于出城袭击蒙古军，多次打乱其作战计划，使消极的守城战变成积极的防御战，最终迫使蒙古人退去。孟珙乘机率军收复了整个荆襄地区，成为南宋中部战场的主帅。

淳祐元年（1241年）春，孟珙改任京湖安抚制置大使兼夔州路制置大使，统领长江上游、中游的防务，正式成为南宋两个战区（川蜀、京湖）的主帅。在宋蒙战争的局面基本稳定下来后，孟珙开始着手建立整体性的防御体系，防备蒙古军南下。《宋史·孟珙传》记载了他的三层防御体系："乞创制副司及移关外都统一军于夔，任涪南以下江面之责，为第一层；备鼎、澧为第二层；备辰、沅、靖、桂为第三层。"

淳祐六年（1246 年），原南宋镇北军将领、当时任蒙古河南行省长官的范用吉向孟珙请降。孟珙大喜，赶紧上书请求朝廷批准，但朝廷不许。孟珙听后心灰意冷，认为自己收复中原的抱负不可能实现了，此后便一病不起。同年九月，孟珙于江陵病逝。

孟珙在南宋中后期，以一己之力，统领南宋两大战场，建立起一体化的防御体系，有效地抵抗了蒙古入侵，确保南宋政权挺过了宋蒙战争的前十余年。无论战功还是品德上，都堪称英雄。

五、成吉思汗

孛儿只斤·铁木真，尊号"成吉思汗"，蒙古族乞颜部人，生于漠北斡难河（今鄂嫩河）上游地区（今蒙古国肯特省），大蒙古国可汗，世界史上杰出的军事家、政治家。《元史》评价他："深沉有大略，用兵如神。"

铁木真年幼时父亲被塔塔儿人害死，其部众纷纷离去归附于泰赤乌部。他和母亲、兄弟以拾草捕鱼为生，生活条件十分艰苦。后来，泰赤乌部唯恐铁木真力量壮大，将其抓获。他趁敌人宴饮时，击晕看守，跳水逃走。

铁木真因此意识到自己独木难支，于是投靠父亲的安答（即汉人所谓结拜兄弟）脱里，即后来的王汗。他招揽父亲旧部，力量逐渐壮大。他的安答札木合联合了泰赤乌部等共十三部人马，合计三万人向铁木真发起进攻。铁木真也将自己三万人分为十三翼（营）进行抵抗。双方在答阑巴勒主惕大战，史称"十三翼之战"。

　　这场大战以铁木真落败而告终。但札木合在战后犯了一个巨大的错误，他残忍地将俘虏投入铁锅中煮杀。蒙古各部落对其十分不满，反而开始倒向铁木真，这使得战败的铁木真得以迅速恢复和壮大。

　　宋庆元二年（1196 年），塔塔儿部叛金，被金兵击溃，向斡里札河逃去。铁木真说服脱里进攻塔塔儿部，自己也以为父报仇的名义出兵，配合金军攻破塔塔儿营寨，杀死其首领。脱里被金朝授予王号，自称"王汗"；铁木真则被授予"札兀惕忽里"官号。斡里札河之战和金朝的封赏，大大提高了铁木真的威望和权力。

　　草原各部贵族害怕铁木真的崛起，联合札木合再次进攻铁木真。铁木真与王汗联手迎敌，击败对方。但王汗随即被对方离间，设计捉拿铁木真，结果计谋泄露，双方战于合兰真沙陀。铁木真虽败，但在逃亡时反省自身，重整旗鼓，他与追随者盟誓："使我克定大业，当与诸人同甘苦，苟渝此言，有如河水。"

　　铁木真恢复元气后，击败王汗、札木合，灭太阳汗，征服蔑儿乞部，统一蒙古各部。宋开禧二年（1206 年），在斡难河源头召开大会，被推举为"成吉思汗"，意为"拥有海洋四方的可汗"，建立"大蒙古国"。

铁木真热衷于对外扩张，大蒙古国在他的统治下开始四处攻城略地。铁木真经过六次进攻，灭亡西夏。铁木真还看出金朝统治早已腐朽不堪，开始谋划对金作战。宋嘉定六年（1213年），铁木真击败了金国将领完颜纲和术虎高琪所率领的十万金国大军，之后分三路继续进攻金军。其军队行进时大肆掳掠，《建炎以来朝野杂记》称"两河山东数千里，人民杀戮几尽，金帛、子女、牛羊马皆席卷而去，屋庐尽毁，城郭丘墟矣"。

在与金国作战过程中，铁木真建立炮军，同时为吸取各民族的先进技术四处掠夺工匠艺人，建工匠军，设厂冶铁制造兵器。这些措施增强了蒙古军的战力。他还创建"箭速传骑"，改进了蒙古军的指挥系统，大大增强了蒙古军队的机动性。

除与金国作战外，蒙古还征西辽，灭花剌子模，一直向西打到克里米亚半岛。宋宝庆三年（1227年），铁木真留下联宋灭金的遗嘱后去世。柏杨在《中国人史纲》中称："铁木真是历史上最伟大的组织家暨军事家之一。"

第七章

明清时期的
军事家

一、徐 达

徐达，字天德，濠州（治今安徽凤阳）人，元末明初名将。他善于治军，为明朝的建立立下不朽功勋。明太祖朱元璋以"谋勇绝伦""不矜不伐""中正无疵""功贯古今人第一"来评价他。

徐达出身农家，少有大志，身材高大，刚毅武勇，二十二岁时便开始跟随朱元璋一同作战，屡立战功，成为朱元璋手下的主要战将。

至正十九年（1359 年），徐达攻池州，擒其守将洪钧等人，并缴获其全部战船，之后以水陆两路夹攻安庆。他用离间计除掉陈友谅军中大将赵普胜，攻下枞阳水寨。次年，陈友谅率大军进犯池州，徐达与常遇春设伏，败陈友谅军于九华山下，斩敌首万级，生擒三千人。

至正二十三年（1363 年），朱元璋与陈友谅在鄱阳湖大战。陈友谅军势甚盛，徐达"身先诸将力战"，击败敌军前锋，杀一千五百人，俘获大船一艘。最终朱元璋获胜，全歼陈友谅主力军。

之后朱元璋想要进攻张士诚。右相国李善长以为不可；徐达认为张士诚奢侈苛刻，手下又无人才，说："臣奉主上威德，率大军前去进攻，平定三吴指日可待。"朱元璋大悦，任命他为大将军，率舟师二十万人出战。敌军分三路出兵，徐达分三路应对，又派兵截断对方的退路。敌军战败逃走，不得入城，于是大溃。

徐达包围张士诚的老巢平江后，曾向朱元璋请示下一步如何行动。朱元璋回复他说："将军谋勇绝伦，所以能平定乱局，剿灭群雄。如今事事向我禀明，这是你的忠心，我很赞赏，但将领在外领军作战，君主不能随意进行干预，军中的事你可以根据现状便宜行事，我不会指手画脚。"随后徐达攻破平江，擒张士诚，将其送至应天。

徐 达

至正二十七年（1367 年），朱元璋命徐达为征虏大将军，常遇春为副将军，率领二十五万大军北伐。徐达一路势如破竹，先占领山东，随后又进军河南。朱元璋在汴梁召见徐达商讨北伐事宜，徐达说："我等率大军平定山东、河南，王保保只是在犹豫观望；攻破通关之后，敌军狼狈逃窜，元军孤立无援，如今借着数次大胜，直接攻取元朝大都，可不战而胜。"朱元璋说："善。"

洪武元年（1368 年），徐达攻克元大都（后改名为北平），元朝灭亡。徐达与常遇春随后攻山西，剿灭元朝残余势力。元军将领扩廓帖木儿（王保保）引兵进雁门关，由居庸关进攻北平。徐达认为对方纵兵深入，太原必定内部空虚，北平足以抵挡对方的进攻，此时应乘敌不备，直捣太原。于是引兵进攻太原，扩廓帖木儿果然回师救援。徐达命精兵夜袭对方营地，攻克太原，并趁势平定了山西。

之后徐达曾多次进攻北元。洪武十七年（1384 年），徐达在北平留守时得了背疽，次年病情加重去世。

徐达先后击败陈友谅，平定张士诚，推翻元朝统治，又数度北伐，一生战功显赫，被朱元璋誉为"万里长城"。张廷玉在《明史》中称赞他："持重有谋，功高不伐，自古名世之佐无以过之。"

二、戚继光

　　戚继光，山东登州（治今蓬莱）人，明朝抗倭名将，民族英雄。他为明朝扫平倭寇、抵御鞑靼立下不朽功勋。他撰写的《纪效新书》和《练兵实纪》两部兵书，是中国古代军事史上的经典名著。

　　戚继光年少时豪放不羁，喜欢读书，志气不凡。嘉靖年间，戚继光平定海盗汪直之乱，朝廷命他负责防守台州、金华、严州三郡。戚继光到任后，发现卫所的士兵不擅长战斗，又见金华、义乌民众彪悍，于是招募三千人，教以击刺法，由此组成了一支精锐部队。他还根据南方多沼泽、不利驰逐的地形特点，创建了鸳鸯阵。这种阵法以十二人为一基本阵型，将长短武器互相结合，大大提高了军队的战斗力，"戚家军"由此名闻天下。

　　嘉靖四十年（1561年），戚继光率领军队在龙山与倭寇展开大战，将其击溃，并且一路追杀败逃的倭寇，直至雁门岭。倭寇逃走后又袭击台州。戚继光率军抗击。在台州与倭寇的对战中，戚继光身先士卒，亲手斩杀倭寇首领，士气大振。剩余的倭寇逃到江边，走投无路之下纷纷坠江而亡。

次年，倭寇进犯福建，并联合其他沿海地区的倭寇，攻陷寿宁、宁德、玄钟所等地，并进犯龙岩、松溪、大田、古田、莆田等地。闽中告急。戚继光接受胡宗宪的传令，带兵入闽剿寇。他带兵进攻横屿，见道路难行，于是命士兵每人持稻草一束，边填壕沟边前进，最终攻破倭寇巢穴，斩敌首二千六百级。而后，他又乘胜连克倭寇六十营，斩敌首众多。

戚继光抗倭

嘉靖四十二年（1563 年），戚继光做先锋，与俞大猷等人攻打位于平海卫的倭寇，斩敌首二千二百级，救回被掠者三千人。在表彰功劳时，戚继光位列第一。次年二月，倭寇纠集万余人围攻仙游。戚继光带兵支援仙游，在城下击败敌人，斩杀敌人数百，剩下的倭寇大多跌入峡谷而死，只剩下一些残兵败将逃往漳浦蔡丕岭。

经过十几年的艰苦战斗，东南沿海的倭患终于平息。其中，戚继光和他的"戚家军"起到了决定性作用。其后戚继光被调到蓟州，负责北方边防。

万历初年，北蛮小王子与董狐狸向明朝索要赏赐未果，进犯边境。戚继光数次将其击退，并活捉董狐狸的弟弟。董狐狸率宗族三百人投降，请求饶恕他的弟弟。戚继光接受其投降，董狐狸自此再未侵犯边境。

戚继光作战灵活，曾用车营克制鞑靼骑兵，并在边境因地制宜，修筑长城。他还擅长发明创造，发明了戚氏军刀、虎蹲炮，还有号称"刺倭利器"的狼筅。《明史》中评价他："将号令严，赏罚信，士无敢不用命……威名震寰宇。"

三、郑成功

郑成功，本名森，字明俨，福建南安人，明末清初军事家，抗清名将。他忠于明室，在东南沿海抗击清军，从荷兰人手中收复台湾，是中国历史上著名的民族英雄。

郑成功是郑芝龙与日本女子田川氏所生。《清史稿》中记载："成功年少，有文武略，拔出诸父兄中，近远皆属目。"后来，郑芝龙带着他谒见南明隆武帝，隆武帝对其大为赞赏，曾说："可惜我没有女儿可以许配给你，你要效忠大明，千万不要忘记。"于是赐其姓朱，所以郑成功也被称为"国姓爷"。

郑成功多次与清军作战，深受隆武帝器重。后来其父郑芝龙投降清朝，母亲自杀身亡，郑成功依然效忠明朝，招揽父亲的旧部，继续反抗清朝，成为南明后期主要的抗清力量之一。

当时东南沿海的形势极为混乱，除了清军与南明势力外，还有很多山贼、草寇据城而守。顺治六年（1649 年），郑成功率军南下，一方面打击清军的势力，另一方面将沿途的贼寇收服，壮大自己的实力。经过一个多月的征战，郑军从清军手上攻取漳浦、云霄等地，还平定了达濠、霞美等寨；之后转战广东，将零散的贼寇收服，并攻占了潮阳及其周边许多山寨。次年，郑成功在潮州击败郝尚久，占领揭阳、普宁、惠来等县。

顺治八年（1651 年），郑成功凭借熟悉地形的优势，相继取得了磁灶战役、钱山战役和小盈岭战役的胜利，克复平和、漳浦、诏安、南靖等地，郑军的声势日渐高涨。

郑成功

此后，清廷命其父郑芝龙致书招降郑成功，郑成功假装答应，率军返回浙江。之后拒不受命，再度进攻福建。顺治十一年（1654 年），郑成功以"兵马繁多，非数省不足安插"为由，拒绝清廷授予的靖海将军之职，随后进攻漳州。漳州千总刘国轩引郑军入城，之后郑军分兵进击，相继拿下同安、南安、惠安、安溪、永春、德化诸县。

顺治十三年（1656 年），郑军在围头海域大败清军，之后相继取得泉州战役和护国岭战役的胜利。两年后郑成功率军北伐，虽接连取得定海关战役、镇江战役的胜利，但在南京遭遇失利。之后郑成功决定攻取台湾。

当时台湾被荷兰人占据，荷兰人在岛西修筑了两大防御要塞：热兰遮城和普罗民遮城。其港道鹿耳门一带的海水低浅，无法行船，所以荷兰人未加戒备。郑军趁着潮水上涨的时机从鹿耳门攻入，荷兰人猝不及防，大败后退到热兰遮城死守。郑成功将热兰遮城重重围困，荷兰人仅剩数百人，最终投降。郑成功将其全部遣送回国。此后，郑成功在台湾制定法律，分定官职，兴办学校，"招漳、泉、惠、潮四府民，辟草莱，兴屯聚，令诸将移家实之"。

康熙元年（1662 年）六月，郑成功病逝于台湾。康熙帝题撰挽联一副云："四镇多二心，两岛屯师，敢向东南争半壁；诸王无寸土，一隅抗志，方知海外有孤忠。"

四、曾国藩

　　曾国藩，字伯涵，号涤生，湖南湘乡人，清末政治家、战略家、理学家、文学家，汉族地主武装湘军首领。他与胡林翼并称"曾胡"，与李鸿章、左宗棠、张之洞并称"晚清中兴四大名臣"，谥号"文正"，后世称"曾文正"。

曾国藩出生于湖南长沙湘乡一个士绅家庭，道光十八年（1838年）中进士。《清史稿》中记载，曾国藩有"澄清天下之志……尤究心方舆之学，左图右书，钩校不倦，于山川险要、河漕水利诸大政，详求折中"。他曾上书咸丰帝"今日急务，首在用人"，并指出"国用不足，兵伍不精，二者为天下大患"。他还经常与胡林翼、左宗棠等人来往，讨论时务。

　　太平天国运动兴起后，曾国藩受清廷之命办理团练，亲自参与练兵。不管是枪炮刀剑的使用方式，还是帆船橹桨的固定位置，他都殚精竭虑地亲自钻研。他还派人赴广东购买西洋火炮，筹建水师，在咸丰四年（1854年）建成一支人数近两万并装备有几百门洋炮的湘军。

同年，曾国藩发表《讨粤匪檄》，命湘军进攻太平军。虽初战失利，但随后重整军队，最终攻占岳州，并击杀太平军首领曾天养。随后他又率军攻克城陵矶，因功赏三品顶戴，之后攻取武昌、汉阳，赏二品顶戴，署湖北巡抚，赏戴花翎。十二月，曾国藩攻陷田家镇。此战中湘军杀死敌军数万，焚烧五千多艘战

船。接着曾国藩又进兵围困九江。曾国藩因在战斗中调度有方，赏穿黄马褂。

咸丰九年（1859年），曾国藩拟四路进兵之策，分别攻取安庆、桐城、舒城、庐州。次年二月，破陈玉成于太湖。咸丰十一年（1861年），曾国藩攻陷安庆，创办内军械所，并在当年年底，制订了围剿太平军的计划：曾国荃、左宗棠、李鸿章分三路进军。同治三年（1864年），清廷各路军队合围天京，七月，湘军攻破天京，太平天国

灭亡。

指挥作战并非曾国藩所长，但他极其注重军队建设，提倡忠君卫道，以儒家学说治军，认为"用兵者必先自治，而后制敌"。他注重提高士兵的作战能力，认为军队战斗力的强弱并不取决于人数的多寡。在军队的管理方面，他主张军政分离，各负其责。

曾国藩购买洋枪、洋炮、洋船，致力推进中国军队武器的近代化。他还注重海军的建设，大力促进中国近代海军的形成和发展。《清史稿》中称他："治军行政，务求蹈实。凡规画天下事，久无验，世皆称之。"

五、左宗棠

左宗棠，字季高，湖南湘阴人，清末军事家，民族英雄，洋务派代表人物之一。他先后参与平定太平天国运动、捻军起义、陕甘回变，收复新疆，为清廷立下汗马功劳，与曾国藩、李鸿章、张之洞并称"晚清中兴四大名臣"。

左宗棠少年聪颖，有大志。他三次科举不第，于是放弃仕途，专心研究舆地、兵法，常语出惊人，以诸葛亮自比。胡林翼十分看重他，曾说："谓横览九州，更无才出其右者。"

左宗棠曾作为湖南巡抚骆秉章的幕僚参与平定太平天国运动，后来招募五千人，号称"楚军"，赶赴江西、安徽等地与太平军作战。他率军攻克德兴、婺源，后在乐平、鄱阳等地与太平军大战，破敌十余万。

咸丰十一年（1861年），左宗棠率楚军八千人东援浙江。后来太平军大举进犯婺源，左宗棠亲自督军将其击败，之后又相继平定浙江、福建、广东等地。

同治元年（1862年），陕西、甘肃等地的回民趁太平天国和捻军进入陕西的机会发动叛乱。同治五年（1866年）左宗棠受命前去平叛。左宗棠认为须先平捻军，再讨回民。在作战方式上，他认为东南的战事依靠船只，而西北的战事则依靠马匹，若是以步兵去进攻西北叛军的骑兵，必败无疑。于是，他奏请组建马队与炮车。

同治六年（1867年），左宗棠采用炮车对付骑兵，以马队进攻步兵的战法，大破捻军，次年又消灭西捻军。他曾预言要完全平定捻军，需要五年时间，后果如其言。

同治七年（1868年），左宗棠进军陕北，击败董志原，接连收复镇原、庆阳，回民叛军战死者多达三万。他命令当地壮丁从事农业生产，并推行区田法和代田法，安置饥民及降众十七万人。

当时叛军中最知名的有三人：马朵三、马占鳌、马化龙。马化龙假意请降，左宗棠察觉其阴谋，先攻金积堡，之后屡战屡胜。陕西回民受抚者数千人，马化龙到军门乞降，被斩。此时马朵三已死，其部下归降；马占鳌见官军深入，去路已绝，随即投降。随后河州与肃州相继克复。

同治十年（1871 年），沙俄侵占伊犁。左宗棠以先北后南、缓进急战的策略，在进行充足准备后，于光绪二年（1876 年）出兵，先荡平北疆，再进军南疆，击溃阿古柏、伯克胡里与白彦虎等部，光复南疆，并从沙俄手中收复伊犁。之后左宗棠外放两江，在中法战争中督师抗法。

光绪十一年（1885 年），左宗棠病重去世。曾国荃评价他："东戡闽越，西定回疆，天恩最重武乡侯，前后逾三十年，实同是鞠躬尽瘁。"